昇と美智子

鈴木　央

ほおずき書籍

美智子先生に捧げる

結婚式当日（1962年）

長野市立高校　音楽クラブ（1963年）

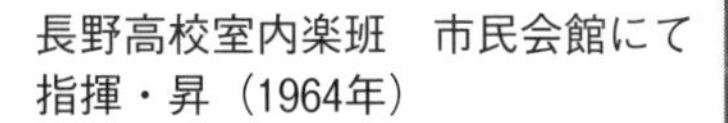

長野高校室内楽班　市民会館にて
指揮・昇（1964年）

モーツァルト「レクイエム」
リハーサル
長野市民合唱団コールアカデミー
群馬交響楽団
指揮・昇
ソプラノソロ・美智子
（1977年）

恩師・三宅春恵氏とのジョイントリサイタル（1987年）

二人で四国に旅行　高知にて
（2000年）

長野少年少女合唱団　第38回定期演奏会　指揮・美智子（2013年）

コーロ・アニマート　第８回定期演奏会にて（2014年）

写真提供：スタッフ・テス株式会社、町田昂二、村瀬善子、山本昇（五十音順。敬称略）

昇と美智子＊目　次

第二部　長野少年少女合唱団の発展

資料編

本文中の肩書きは、特記のない場合、平成二十七年三月末現在のものです。

第一部　音楽への情熱

運命の出会い・少年時代

それは魔法の一言だった。

「小林、お前ピアノを弾いてみろ。ピアノを弾けば頭が良くなるぞ」

声をかけてくれたのは、音楽の杵渕佳三(きねぶちよしぞう)先生。昇少年はこのとき城山国民学校（現長野市立城山小学校）の三年生。一九四三年（昭和十八年）、太平洋戦争まっただ中のある日のことである。

「ピアノを弾けると頭が良くなり長野中学（現長野高校）に入れるぞ」

追い討ちをかけるようなこの一言は決定打となった。憧れの、二本の白線が入った長野中学の制帽。あの長野中学に入れるのならと、昇少年が思ってしまったのも無理はない。

これが昇少年の、ピアノとの出会いであった。

山本（旧姓小林）昇は、一九三四年（昭和九年）七月二十七日、須坂市で産まれた。

一九三〇年（同五年）以来、昭和恐慌、満州事変、満州国建国と続き、日中戦争前夜という時代のことである。

父、小林八十一（やそいち）は戸隠出身。須坂市内で小学校の教職にあり、子守学級の運営に尽力するなど、教育のために生涯を尽くした人であった。ちなみに子守学級とは、貧しい農村から市街地の商店に子守として働きに来ていた少女などに教育の機会を提供するため、子どもを背負ったまま登校し授業を受けるという形式で行われた学級で、明治から昭和にかけて県内のいくつかの学校で実施されたものである。

立派な教育者だった八十一。しかし彼は我が子らの成長を見届けることなく、一九四〇年（昭和十五年）、昇六歳のとき心臓の疾患で急死した。

残された、母ひで、長兄（当時十七歳）、長姉（同十三歳）、次兄（同十一歳）、妹それに昇少年。五人の子を抱えての恩給での生活は厳しいものであり、須坂中学の長兄は進学を断念して国鉄に就職した。

しかも頼みの長兄は、ほどなく召集され、生活の苦しさは続いた。夏休みになると昇は父方のおじである戸隠の小林家に長期滞在したが、これについて昇は「一種の口減らしだった」と笑いながら言う。理由はともあれ戸隠で昇少年は一つのことを覚えた。それは、蕎麦（そば）の食べ方であった。

おじの家の床下にはきれいな川が流れており、畳を外すと足元には清流とあらかじめ設置された網があらわれた。おじの家では、ここに蕎麦を入れて食べたのである。そして昇少年はおじから、「たれにあまりつけるな」「かまずにのめ」といった蕎麦の食べかたを伝授された。

急逝した父だが、幸い、生前に長野市箱清水に建ててくれておいた家があった。一家はこの家に転居することとし、賃借人が立ち退くまでしばらくの間の長野市新町（善光寺下駅の北西）での借家住まいを経て、いよいよ箱清水の自宅に転居した。これに伴い昇は、三輪国民学校（現長野市立三輪小学校）から城山国民学校に転校。時に昇少年、国民学校（小学校）三年生のとき。

この城山国民学校で冒頭のとおりの運命的な出会い、すなわち、恩師杵渕佳三先生との出会い、そしてピアノとの出会いに恵まれたのである。

「自宅のなかに音楽的雰囲気はなかった。小さいとき母が中山晋平の作品をいろいろ歌ってくれたぐらいだろうか」

それゆえ、昇がまことに音楽の道に目覚めたのは、この杵渕先生との出会いによってといえる。

当時の学校は戦時下の国民学校ということで、音楽といえば軍歌。西洋音楽は禁止されていた。なんと不思議なことに同盟国であるドイツ、イタリアの作曲家の曲さえも駄目だったのである。そんななか、杵渕先生は子どもたちが講堂に入場するときの行進曲に「ピーターと狼」などの西洋音楽を堂々とつかっていた。もちろん、西洋音楽を聴く機会もない子どもたちは、それが西洋音楽ということさえわからない。そして他の先生方も気づきもしなかった。要するに皆の音楽に対する無知を逆手にとって杵渕先生は禁じられていた西洋音楽を子どもたちに聴かせ、いつのまにか教えていたのである。

ちなみに、昇少年も当時は、これらを西洋音楽とはつゆほども思っていない。しかし、ふだん聴く軍歌などとは全く違う種類の曲だなということで深く印象に残ったのである。これらの楽曲が西洋産だと気づいたのは、敗戦後の西洋音楽解禁後のことであった。

杵渕先生はこのような教育者であり、昇少年にはピアノを手ほどきし、さらに城山国民学校合唱団を指導した。昇少年もこの合唱団で頭声発声の指導を受け、美しいボーイソプラノは群を抜く水準となり、全校集会で独唱―軍歌だが―することもしばしばだった。

国民学校時代の当時は、男女別々のクラス。一方、放課後の課外活動として行われた特習科での音楽活動は男女一緒であったが、その実態は、女子約三十名に対し、男子は昇少年一人。他の男子が「おもしろくない」と感じるまでに時間はかからない。昇少年の下校を待ち伏せして、なぐる、けるの乱暴を働く者さえ現われた。

だが、昇少年には強みがあった。勉強ができたのである。勉強が特に優れている者には一目置くというのは今も昔も同じかもしれない。嫉妬心から昇少年に暴力を働いた子どもたちも、「俺は勉強で見返す」と昇少年に睨み返されると、一様に黙ってしまうのであった。昇少年も含めクラスでは四人の特に勉強のできる子どもがおり、しかも昇少年は副級長でもあった。

勉強に関していえば、小林家にはよき家庭教師がいた。長男の三千男（みちお）がその人である。父の急逝のために進学を断念し国鉄に就職したが、須坂中学出身の三千男はたいへん優秀だった。その長兄が、勉強の手ほどき、というより特訓をしてくれたのだった。

ちなみに、小林家の五人兄弟のなかで大学まで進学した者は昇ひとりである。国鉄勤めの長兄のほか、長姉も信用金庫に勤め（戦後まもなく他界）、小林家の家計を支えたのである。長兄三千男にとってみれば、自分のできなかった進学という夢を弟の昇にかなえさせたということになろう。日本全体が貧しく、大学進学率も今よりずっと低い時代であった。


それにしても杵渕先生はどうして昇の才能を見いだしピアノの道へと誘（いざな）ったのだろう？音楽の授業をとおして見いだしたのかもしれない、あるいは、当時は敵飛行機の識別ができるような聴力の良い者を見いだすために聴音試験が行われていたので、そこでの成績が良かったのかもしれぬ。

多くの音楽家を育てた名伯楽・杵渕佳三。残念ながら十数年前に鬼籍に入り、真相は藪（やぶ）の中である。

さて、戦局は悪化の一途をたどり、東京大空襲、広島・長崎の原爆も正確な情報は国民に伝えられないまま一九四五年（昭和二十年）八月中旬を迎えた。

八月十三日、長野市も空襲を受け四十人以上の人々が死亡。ちょうど戸隠に滞在中の昇少年は空襲の様子を戸隠から見ることができた。

そして十五日の玉音放送。聞き取りにくい放送ではあったが、おじの「負けた」の一言で、昇少年は日本の敗戦を知った。

音楽の解放・ピアノへの道

敗戦は日本を一変させた。

学校においても、修身などの教科書は使用を禁止され、奉安殿も取り壊された。しかし何より昇少年にとって大きな変化は、西洋音楽が解禁されたことだった。

ラジオ番組「真相はこうだ」で、テーマ曲であるベートーヴェンの「運命」を初めて聴き魂をゆさぶられた。現在の県立美術館の場所にアメリカ文化センター（日米文化センター）ができ、ここでレコードを聴くことができるようになった。昇はセンターに通い、グローフェなどのアメリカ現代音楽を聴いた。小学五年で迎えた終戦のときから高校までの多感な時期に、昇はこのように西洋音楽と出会っていったのである。

話を終戦直後に戻そう。昇のボーイソプラノはますます評判になり、ラジオ局（ＪＯＮＫ。ＮＨＫ長野放送局。当時、城山にあった）の全国放送にも二、三度出演し、「独唱は小林昇さんでした」と紹介された。

また、五年生のときには、蔵春閣で行われた城山小学校の音楽会において、初めて人前でピアノを演奏した。昇のピアノを初めて聴いた母は、息子がいつのまに、ここまで弾けるようになっていたのかとびっくりすることになる。後述するが、小林家にはピアノはなかった。昇はいつも学校のピアノで練習していたので、母は昇のピアノの音色など耳にしたことが無かったのである。

母ひでは、この音楽会のあと、昇が発表する機会あるたび必ず聴きに来てくれるようになった。

順風にみえた昇の音楽揺籃期だが、柳町中学校に入学してまもなく、大きな「事件」がおこる。クラスの中でも歌のうまいことで知られていた昇が、ある日、何かの曲をクラスメートの前で独唱することになった。

しかし声はいつもの美しいボーイソプラノではなかった。

その日は突然にやってきた。頭声発声なので、高音部はひっくり返って変な声になり、クラスメートは爆笑した。自分の歌が人に笑われるなどということは、もちろん昇にとって初めての体験でありショックは大きかった。この日を境に昇は二度とボーイソプラノを出せなくなった。変声である。

しかも音楽の最初の師、杵渕先生は変声期のことを教えてくれていなかったので、昇には心の準備ができていなかった。それゆえショックもひとしおだったのである。

昇はすっかり歌がいやになり、以降、ピアノ一筋に専念していくことになる。

さきほど小林家にはピアノがなかったと書いたが、実際、当時ピアノを持っている個人などは一部のお金持ちくらいで、ふつうの家庭では持てるはずも無かった。小学校のとき以上に、昇は学校のピアノを使って練習に没頭した。中学には第一、第二音楽室にそれぞれピアノが一台ずつあったが、昇はそのうちの一台に「小林昇専用」の紙を置き、他の女の子が練習で使ったりすると「専用じゃないか」と言う始末であった。言われた女の子にすればたまったものではなかったろうが、当時ピアノを弾くものにとって、そこまでしないと練習時間が確保できないほどピアノは貴重だったということだ。

昇の手の指はピアニストとしては短い。自分より長い指の母に「何でお母さん、大きい手にしてくれなかったの」と不平を言うこともあるハンデだったが、昇は練習によって克服していった。

そのころを振り返って昇は言う。「ピアノの練習を終わって夜九時ころ帰路につく。家の灯りもろくにないような時代、月明かりをたよりに帰るときふと見上げると、空には満天の星」

昇は勉強にも手をぬかず励み、長野北高校（現長野高校）に進学した（一九五〇年・昭和二十五年。朝鮮戦争の起こった年である）。同じクラスからは昇を含めて四名であった。

高校に行ってもピアノをめぐる環境は変わらない。吹奏楽と合唱の部活が終わったあと、ピアノがあく。昇は、その時間から始めて夜遅くまでピアノを練習した。そのころ、北高野球部には町田、松橋（共に、後にプロ）がおり、彼らの打球は外野をこえて音楽室に飛んできては、しばしば窓ガラスを割った。しかし昇も他のみんなも、腹をたてるよりも喜んだ。ここまで飛ばしてくれるスラッガーが母校にいることが誇りだったのである。

しかし、打球で割れた窓ガラスから寒い風が吹きこむ冬の夜、ピアノの上の裸電球一個をつけてのこごえながらの練習はつらいものであった。昇はあるとき寒さしのぎに姉の手袋を盗んで弾いたが、一日練習で使えば、もう手袋の指先には穴が開いてしまっていた。みかねた母が指先の出せる毛糸の手袋を編んでくれ、昇はそれをつけて練習した。

また母はピアノの置いてある家を何軒かさがし出し、ピアノがあいているときは弾かせてもらえるという交渉を成立させてきた。

嬉しいことであったが、その家に急の来客があったりすると、ピアノ練習は延期になった。なぜなら当時ピアノは応接室に置かれているのが普通で、お客が来ることは、即、応接室のピアノが使えないことを意味したからである。

予定していたピアノの練習が全くできずに終わった日は、帰宅してから涙をとめられないこともあった。

次兄昭(あきら)は器用なところを活かし、本物のピアノと全く同じ寸法の鍵盤を紙でつくってくれた。これを使って練習すると、音が出ないがゆえに、音楽の理論面を考える良いきっかけになった。

こんなにも苦労してピアノの練習に励んだおかげで、昇はもうショパンもベートーヴェンも立派に弾けるようになっていた。

そして、「北高にピアノの小林昇あり」の声は広まっていき、高二のころからは小林は芸大

（東京音楽学校）に行くという噂になっていったのである。

昇はこの噂を聞き、自分でも次第にその気を募らせていった。しかし、先輩などから、本当に行く気なら家でも練習しなければ無理だぞと言われ、ついに母に頼んだ。ピアノが欲しいと。

母は、無理だと言った。

長兄も、無理だと言って唇を噛んだ。

次兄は、ピアノが欲しいなどと言った弟の昇を怒り、ふたりは喧嘩となった。

「何が東京音楽学校だ。どれだけ難しい、どれだけ倍率の高いところだか、わかっているのか。お前なんかに行けると思っているのか」

「兄貴は俺のピアノを聴いたことがあるのか。聴きもしないでそんなことを言うのか」

二人が大声で喧嘩しているあいだ、母は何も言わなかった。昇のために可能な限りの応援をしてきた母。いつもやさしい母。できればピアノを買ってあげたかったはずだ。だが当時のふつうの家庭には、ピアノは厳しすぎた。

そして、その日か、あるいは次の日だった、昇が仏壇の前で泣いている母を見たのは。

それは、昇がピアノを持つことを断念した瞬間だった。それは芸大を断念することでもあった。

新大への進学・新しい出会い

日本全体が貧しい時代だった。レコードとて高嶺の花。自分で購入して聴くなどというゆとりのある人は多くない。ラジオ「真相はこうだ」のテーマ曲としてベートーヴェン「運命」の冒頭の部分だけが流されたとき、昇は感動というよりも衝撃を受けた。この続きをぜひ聴きたいと熱望したが、レコードを購入するお金はない。そこで昇はレコード店に行くと店員に、ちょっとここで「運命」のレコードをかけてほしいと頼みこみ、続きの音楽を聴くことに成功した。

また当時はレコードコンサートという文化があった。個人のレコード収集家が、会場を借り、人を集め、所有するレコードを皆に聴かせたあと解説までする、というものであった。高校生の昇は善光寺から少し南の所にある旅館で行われたレコードコンサートへ、よく聴きにでかけた。ここでの主宰者つまりレコード収集家は、この人が愛好するシューベルトの歌曲を中心にプログラムを組んでいたが、昇は当時一番好きだったベートーヴェンを聴きたくて、機会があればリクエストした。おかげで昇がレコードコンサートに行くと常連たちから「お、ベートーヴェンが来たぞ」とからかわれるのであった。

さて音楽の世界にますます魅せられていったこの高校時代、武蔵野音大から月一回長野に教えに来ていた先生がいた。

小山郁之進（こやまいくのしん）先生である。

昇はこの先生に師事するようになり、月一度のレッスンを受けた。

小山先生のレッスンはいわゆるスパルタ式のもので、昇は何度も、ほっぺたをつねられたり、馬鹿といわれたり、なぐられたりした。この厳しい指導のおかげもあってか、昇のピアノの腕前はますます上がっていった。

そんななか、小山先生は高田にある新潟大学の芸能学科に教官として赴任することになり、昇に高田に来いと誘った。こうして自然の流れのなかで、昇は新潟大学芸能学科に進むことになる。一九五三年（昭和二十八年）四月のことであった。

ちなみに日本は、昇が北高在学中の一九五一年（昭和二十六年）にサンフランシスコ平和条約を結び主権を回復しており、この五三年は、わが国でテレビ放送が開始された年であり、長野県関係でいえば、善光寺が国宝に指定された年である。

ピアノを専攻するために新大に進んだ昇だったが、二年生のときに転機が訪れた。第四銀行高田市内支店の行員を母体にして発足したばかりの女声（のちに混声）合唱団、木曜会合唱団の初代指揮者であった大学の先輩、閏間豊吉（うるまとよきち）が声をかけてきたのである。

「ぼくは卒業して高田を離れることになった。君に後をやってもらいたい」

昇は驚いた。まだ自分は大学二年、しかも専攻はピアノであって合唱の指揮ではない。

「どうして、僕なんですか。ぼくが指揮なんて、できませんよ」

「いや、できる」

閏間がここまで断言したのには理由があった。その前年、昇は一年生のときの定演で、グリンカの「ひばり」を弾いた。まだ、ほとんどの人がこの曲を知らないときである。閏間がのちに昇に語ったところによると、このときの演奏を聴いて、閏間は「この男だ」と思ったのだという。

こうして閏間から指揮棒を渡された昇は、指揮法の勉強をするために、すぐに三瓶十郎（みかめじゅうろう）先生のレッスンを受けるようになった。もっとも、これは、こっそりとであった。なぜなら、昇にとってあくまでも先生は小山郁之進先生。他の先生にも師事するというわけにはいかない。そこで昇は上京して三瓶先生の自宅を訪ねては指導を受け、その師弟関係は卒業するまで露呈することはなかった。

昇にとって木曜会は、三瓶先生のお宅で勉強した指揮法を実践する場であった。そのことを昇は、「木曜会を育てるというのではなく、反対に木曜会合唱団が私を育ててくれたのです」と言う。

昇は、ピアニストであったことは指揮を執るうえで大いに役立ったという。なぜならピアノは全体をみることができる楽器だからだ。

昇は結局、一九八一年度（昭和五十六年度）までの二十七年間にわたり木曜会の指揮者を務め続け、高田の音楽文化に貢献することになる。


やがて大学四年の冬、卒業を間近にひかえた昇に、また新たな出会いが訪れた。

新大入試において受験生の誘導係を担当していた昇に、旧知の長野西高校の音楽教諭、桜井誉人（たかひと）、本名鼎（かなえ）が声をかけてきたのである。

「いま、うちの高校の子を引率してきたんだけど、山本美智子、これがいいんだよ。何とか、これ、入れてやってくれないか」

何とか入れてやってくれと言われても一学生の昇にそんなことができるわけがない。それに、長野西高校からは三名が新大芸能学科を受験してきたが、てっきり、一浪して新大に通って受験準備をすすめていた別の子を推すだろうと思っていただけに、意外な一言でもあった。

いずれにせよ、これが昇の山本美智子という名を意識した最初であり、二人の運命の出会いの幕開けだったのである。しかし、このあとの二人三脚の音楽人生を追っていく前に、まずは、この物語のもう一人の主人公、山本美智子の子ども時代を記していきたいと思う。

歌への道

山本美智子は一九三九年（昭和十四年）二月十日、長野市に産まれた。すでに前々年の三七年には日中戦争がはじまっており、前年の三八年には国家総動員法が公布され日本全体が戦時体制となっていたときのことである。

生家は南県町の魚屋であり、新潟にルーツを持つ祖父久蔵が店を興した。屋号は山本と久蔵から一字ずつ取って「山久」。祖父は美智子三歳のときに他界した。

父寅男と母きよにとって、美智子は念願の我が子であった。結婚後五年、なかなか子宝に恵まれず養子を考えたこともあったなかでの第一子だった。

父寅男は後町小から長野中に進学し、中学では柔道部主将。卒業後も柔道を続け講道館にもたびたび通い柔道四段。

一九四五年（昭和二十年）一月、美智子五歳のとき、寅男は緑内障を患い左眼失明する。類（たぐい）まれな記憶力を持つ寅男はお得意様の電話番号も全て暗記し、目が不自由になった後も電話一本で店を切り盛りし、きよと二人三脚で商売を繁盛させた。たいへんな求道者かつ勉強家であり、緑内障の後も、夜は二階にあがり度の強い眼鏡をかけたうえに巨大なレンズを用い、仏教書、哲学書、マルクスなどを遅くまで読みふけった。そのため、やがて右目の視力も失われていったが、仏教哲学に係る論考は日本放送協会（ＮＨＫ）から数回にわたり全国放送されるほどであった。

母きよは、新潟県新井の出。寅男と共に店の仕事で忙しく、やがて美智子が学校にあがっても参観日に学校に行くこともできず、先生が家庭訪問してくれるのが常であった。

美智子は中央幼稚園を経て一九四五年（昭和二十年）、後町国民学校に入学した。一年生の八月にすぐ終戦を迎え、二年生まで後町に通った。日本全体が食糧難となった終戦後、美智子は「おそらく後町の校庭だったと思うけれど、一面麦畑になっていた記憶がある」と言う。栄養補給のために学校から肝油が配られたが、これは「不味（まず）かった」とのこと。

一九四七年（昭和二十二年）に新学制、つまり六・三・三・四制が導入された直後の三年間だけ、後町は中学校に転じた。この三年間、小学校三年から五年生までは、美智子は山王小学校に通った。そして六年になると、再び小学校に転じた後町に戻り卒業した。六年生の終わりごろ、後町小学校では完全給食（主食のパンとおかずの両方がでる給食）が始まったが、これについて美智子は「美味(おい)しいときもあったし、そうでないときもありましたね。呉汁(ごじる)は不味かった。それと、給食を入れる容器はバケツでしたね、もちろん清掃で使うバケツとは別だったけれど」と言う。

幼稚園のときから歌が上手で小学校の学芸会や音楽会では独唱することも多かった。父寅男は広沢虎造などの浪花節が好きで、美智子はよくチバレコードに買いに行かされたが、父のおつかいの品の他に日本の童謡のレコードを買うことができるので、美智子にとって、このおつかいは楽しみであった。家に帰ると美智子は蓄音機を手で回して、買ったばかりのレコードを聴いた。

中学は西部中。行きは登りの二キロ近くの道のりだが、下駄で通学した。切れた時に備えて鼻緒も持って行った。終戦から六年たっても、物はまだ乏しかった。

中学での部活は音楽でなくテニス部。だから音楽に没頭するということはなかったが、音楽の授業は楽しみであり、また、よく理解していた。高校入試（当時は九教科での受験）に向けての勉強では音楽の問題を親しい友人に解説してあげるのだった。

長野西高校に進学後も当初は音楽関係の部活に入らなかった美智子だが、二年になると合唱部に入部した。当時の合唱部の指導者は桜井誉人先生。本名は鼎だが、音楽では誉人の名で活動していた。ベートーヴェンが好きで、自ら作曲もされ、授業も美智子にとって楽しいものだった。西高校歌の作曲者でもある。この桜井先生、先にも触れたように昇のことを北高生のときから知っていた。北高と西高で交流があったためである。それが、やがて運命の出会いをもたらすことになるのだが、無論このときは誰も、その運命を知るはずもない。

三年生のとき西高は六十周年を迎えたが、これを記念して源氏物語「桐壺」の巻を国語科の吉沢君江先生が脚色し、桜井先生が曲をつけた創作オペラを上演するなど、西高合唱部での活動は充実したものであった。美智子は音楽の世界にますます魅かれていく自分を認めざるを得なかった。中庭（当時の西高にはディジィーの庭といわれる中庭があった）をテーマにした楽曲が募集されたときは、美智子は作曲に挑み、みごと入選した。「ディジィーの花の如(ごと)くに」（宮田紀子作詞、山本美智子作曲）がそれである。自分のほかには妹の節子しかいないことから商売を継ぐことを当たり前のように感じ経済学部に進学しようかと漠然と考えていた美智子の心の中で、音楽の道に進みたいという思いが生じてきたのは三年の夏すぎである。

進路につき父寅男は、商人になれとは言わなかった。美智子にも節子にも、「自分の行きたい道に行け」と諭(さと)した。山久は自分の代まででよいと、心ひそかに決めていたのかも知れぬ。

美智子はいよいよ音楽の道に行く決意を固めた。そのうえで進学先は新潟大学に決めた。高校の恩師桜井先生の勧めがあったのと、母が新井出身で且つ父のルーツも新潟ということが大きかった。桜井先生は他の長野県の音楽の先生たちと新潟大学を訪れたことがあり、三瓶十郎先生の指揮のもと学生たちが演奏した「メサイア」などにとても感激し、これが美智子たち生徒に新大を勧める遠因となっていた。音楽の道に進むと決めると美智子は毎日猛練習に励み、指導を受けるために桜井先生の自宅まで押しかけた。

結局、西高から新潟大学特設音楽科（芸能学科）を受験したのは美智子も含め三名。桜井先生が引率しての受験だった。そのとき、受験会場で誘導係を務めていた昇に桜井先生が「山本美智子、いいんだよ。何とか、これ、入れてやってくれないか」と頼んだわけである。

結局、合格者は十二名。うち長野県出身者は八名。西高の三名はみごと全員合格した。十二名のうち美智子の専攻する声楽は三名の合格者であった。美智子は国立音楽大学も受験し合格していたが、はじめから新大に行くと決めていたので、選択に迷いはなかった。

歌とピアノ

美智子は大学（一九五七年・昭和三十二年四月入学）では宝井真一先生に師事した。

昇が初めて美智子に出会ったのは入学試験のとき。このとき昇は、異性として初めから美智子に惹（ひ）かれるものがあった。歌を初めて聴いたのもこのときだったわけだが、歌に関しては、この子は歌の中身を伝えようとしていると心のなかで評価したが、声はあまり感心しなかった。昇は言う。「美智子はもともと恵まれた声の持ち主ではなかった。天性の声ではなく、努力を重ねて、あれだけの声楽家になっていった」

昇は三月に卒業したあと嘱託として大学に残ったが、すぐに一年生の美智子と交際し始めたわけではない。それは美智子が入学してから一年以上たったある日のことであった。昇が練習室の前を通りかかると、美智子が同級生の松坂（現伊東）ノリ子のピアノ伴奏で歌っており、昇は「聴いてていいか」と断わったあと、しばらく練習を聴いていた。そのうち「ここは、こうした方がいいんじゃないか」といったぐあいに何度かアドバイスし、やがて「ちょっと俺にやらせて」と伴奏を交代した。そうして、この日をきっかけに、昇は美智子の伴奏をやるようになっていったのである。同郷ということもあり雑談にも事欠かなかった。二人は次第に親しくなっていった。

　伴奏を始めた頃から、昇は心の中で「いつか、この子と結婚しよう」と決めていた。二人の交際は音楽をとおしてであった。歌とピアノ。歌と伴奏。二人で刺激しあう。ときに二人で一つのことを成し遂げていく。これが二人の形だった。昇は、

「ピアノどうしだったら嫌だった。話題もピアノだけになってしまう。歌は自分の専門でないし、しかも、もともと自分も歌が好きだし…。歌の子（美智子）が傍らにいるおかげで、木曜会の合唱の指揮のために得られることもあった」と語る。二人は刺激しあいながら成長を続けた。

　デートは、高田にある金谷山、あるいは赤倉、それに直江津と谷浜とのあいだにある郷津の海岸などに行った。金谷山はレルヒ少佐が日本にスキーを普及させた場所として名高いが、二人の場合、スキーではなく、草原に遊びに行くといった感じであった。郷津の海岸は直江津や谷浜のように賑やかではないので、海岸に二人で腰を下ろして語り合うのに良かった。美智子はまだ大学生だったわけだが、結婚を前提に付き合うようになっていたので、両家公認の仲であった。長野に戻ったとき昇が山久に遊びに行くと、「よく来たね。刺身つくるからね」「食べていきなよ」と歓待され、山盛りの、美味しい刺身を出してもらった。さらに「箱清水の家へ

おみやげだから」と昇の家への刺身も持たせるのだった。

ピアノを弾ける人は多いが伴奏ができる人は少ない。昇はいろいろな人から招かれ伴奏者としての活躍もみせた。その一方で、昇は一九五八年（昭和三十三年）、長野室内合奏団を結成し常任指揮者に就任している。これが後のＳＢＣアンサンブルに発展していくのだが、これは後述することにしよう。

昇は自ら指揮者をつとめる木曜会に美智子を誘った。きちんとした発声方法を学んだ人を入れ、若い団員たちに学ばせる狙いもあった。大学二年生ころから木曜会に加わった美智子に「一番後ろで歌ってくれ」と昇は言い、美智子はそのとおり一番後ろで歌った。

美智子は大学三年のときの定期演奏会でソリストとなるなど順調な活躍をみせ、卒業演奏は高田と新潟市で行われたが、このうち新潟での演奏では昇が伴奏した。

一九六一年（昭和三十六年）、美智子は新潟大学を卒業し、長野市立高校へ講師として赴任した。岩戸景気の時代である。ちなみに赴任時月給は八千円であったという。同じときに昇も母校長野高校へ音楽講師として赴任。それまでも昇は長野室内合奏団を率いるほか、長野市内でピアノ教室を開設するなど、長野でも活躍していたが、いよいよ二人そろって長野に居を構えることになったわけである。美智子は同じころより長野赤十字看護専門学校の音楽講師にも就任した。

美智子の長野市立高校での教え子には、女声合唱団コーロ・アニマートで活躍する北野順子、美智子の洋服を長年にわたり手がけた洋裁の村瀬善子、長野少年少女合唱団の父母の会代表や後援会代表を歴任した金子貞子などがいる。

北野と村瀬が高校に入学したとき、同時に美智子が赴任してきた。入学して間もなく二人が廊下を歩いていると、音楽室からレコードの歌声が聞こえてくる。ちらりとのぞくと、それはレコードではなくて美智子の歌声だったという。しかも美人であり、あこがれの同性であったと二人は声をそろえる。

二人は「音楽クラブ」という名の合唱部に入部した。もちろん美智子が顧問である。腹をおさえて「声はここから出すのよ」と教え、「ほほをあげて、笑顔で」とか「響きを、上に抜けるように」といったぐあいに、美智子は発声の基本から指導した。部活動としては週に二回だけの練習だったが、美智子はこのほかにも、部員を引率してハイキングに出かけたり、音楽室でクリスマスパーティーを催したりした。クリスマスパーティーでは、音楽クラブだから、もちろん歌うし、当時ＮＨＫで人気のあった番組をまねてジェスチャーをあてさせるゲームや、プレゼント交換なども楽しんだ。

部活で歌う曲としてはバロックや中田喜直のものなどが多かった。二人が一年生のときには十数名くらいの部員数だったが三年生のときには五十名ほどに増え、三年生にして初めてコンクールにも出場できた。そして二人の卒業とともに、美智子も市立高校を退職した。一九六四年(昭和三十九年)三月のことである。美智子はこのあと同年十二月に長男・純を出産している。

北野と村瀬の二人は卒業後すぐにSBC合唱団に入り、結婚を機に二人とも合唱団を離れたが、後年、北野は合唱を再開し、美智子の紹介で女声合唱団コーロ・アニマートに入ってからは、ずっと美智子の指導のもと合唱を続けている。村瀬は洋裁の実力を遺憾なく発揮し、演奏会のときの衣装をはじめとして美智子のオーダーメイドの洋服を作りつづけた。

市立高校時代の美智子は、白いスカートとピンクのブラウスといった装いがとても似合い、服装もあこがれだったと二人は言う。のちのことになるが、村瀬に仕立てを頼むようになってからは、「用途に合わせ、先生と一緒にデザインや布を選びました。先生は、紺やグリーンの色彩を基に、材質も格調高く、品の良い装いを心がけていらっしゃり、それがとてもお似合いでした」と村瀬は言う。

長野に戻ってきたころには、昇と美智子は結婚する意志を固めていた。箱清水の昇の実家には母と長兄家族が住んでいたが、そのご近所の人がたまたま上松に土地を買ったものの使わずにおり、場所は長野高校にごく近かった。これを知った美智子の父寅男はこの土地を買ってくれ、結婚後のための新居が築かれることになった。

一九六二年（昭和三十七年）二月四日、二人の結婚式が行われた。

まずは昼、市民会館の集会室で音楽結婚式が行われた。料理や装飾は、山久と鮮魚でつきあいのある「レストランやま」が用意し持ち込んだ。仲人は三瓶十郎先生。大学卒業後に昇がピアノを師事していた池本純子先生や大学関係者の演奏、木曜会の男声コーラスなどが披露（ひろう）され、このような音楽結婚式はたいへん珍しいと信濃毎日がわざわざ取材し、その翌日、記事となって掲載された。

しかし、こんな常識破りの結婚式だけでは、伝統を重んずる人々を納得させることはできない。夜には場所を格式ある三喜亭に変え、親類、商売関係を招き、親分もたてての、昔ながらの結婚式も行われた。つまり昼、夜と二回の結婚式が行われたわけである。

「婿（むこ）さん、座れ」「（酒を）つげ」

昔ながらの結婚式である。

この結婚式で全ての人を驚かせたのは、式の終わりの寅男の挨拶であった。このころには右目の視力もほとんど喪失し、両眼殆（ほとん）ど失明状態であったから無論メモなど取りようもない状態だったが、寅男はその日、挨拶をした全ての人の氏名や肩書き、話の中身などを覚えており、挨拶の順番どおりにその名を挙げ、ひとりひとりに御礼の言葉を述べたのである。事前に知っていたわけではない。式の中でたった一度聞いたきりで覚えてしまっていたのである。寅男の比類なき暗記力に皆は仰天したのだった。

結婚し新居に引っ越した後、二人は一週間かけて新婚旅行に出かけた。昭和三十七年当時としては異例の長期間にわたる新婚旅行である。

まず箱根で一泊の後、夜行で岡山県宇野まで行き、連絡船で小豆島に渡った。高峰秀子主演の「二十四の瞳」を観て、その風景に魅せられ、ぜひとも新婚旅行では小豆島に行きたいと決めていたのである。小豆島で二泊したあと高松に渡って泊まり、その後、宇野を経由し長野に帰るという長旅であった。

旅行といえば、昇には、結婚後もお互いの両親を旅行につれていこうという計画があった。目の不自由な寅男は辞退し留守番となったが、昇は毎年のボーナスを家族旅行の資金にあて、お互いの親や、やがて誕生する子どもたちと皆で賑やかに、九州などへ長期の旅行に出かけるのだった。

長野高校での活躍（前）

結婚後すぐの一九六二年（昭和三十七年）四月より、昇は、それまでの非常勤講師から、正式な長野高校の教諭となった。この二年後の東京オリンピック開催に向けて、東京の再開発や東海道新幹線の建設が急ピッチで進められるという時代のことである。

最初の二年間は長野商業との兼務であり長商にも週二回通うという忙しさだった。ちょうど音楽が正課になりたての時代であった。

昇は赴任と同時に分厚い音楽辞典を購入し、授業の合間に熱心に勉強した。例えば「バッハ」という項目を読むと、次に、関連する別の項目を勉強し、という具合に、辞典のどのページもぼろぼろになるくらい理論面を鍛えた。

学校の授業のほか、班活動の指導も徐々に増えていった。

まずは合唱班。当時は男子のみの合唱班であり、班員は平均して六十人くらい、多い年では百人近くという大所帯であった。ダークダックスが全国的なブームとなっていた時代である。一九六五年（昭和四十年）には早くもＮＨＫコンクールの長野県代表となり、六七年（同四十二年）には毎日コンクール東日本大会で三位入賞を果たすなど、昇の指導力はたちまちのうちに広く知られることになった。その指導力は、三瓶十郎先生に教わった理論と木曜会での実践によって鍛えられたものであった。

また、昇が講師として赴任した年に誕生した班に室内楽班がある。一九六一年度（昭和三十六年度）に一年生五名により結成・発足し、のちに管弦楽班の名称となった。こちらはコンクールには出ないというコンセプトで創立され、最初から昇が指導することになった。コンクールには出ないというものの、音楽に対する態度は真摯（しんし）そのものである。室内楽班発足のころをふりかえり昇は、アンサンブルの基礎が大事なので、一つの和音が完全に合うまで、しつこく練習していたという。

管弦楽班ＯＢ会長の町田昂二は、室内楽班発足翌年の一九六二年に入学し、中学時代からブラスでフルートを吹いていたこともあり、すぐ入部した。

当時について町田は、「昇先生は音楽への情熱あふれる人で練習は厳しかった。アンサンブルがまとまっていないときや、練習がしっかりできていないとき、それに課題がクリアできていないときなど、大きな声で叱られ、時にはタクトが飛んでくることもあった」と言う。しかし、厳しいからという理由で辞めるメンバーはいなかったとも加える。

当時の室内楽班の構成は、弦がほとんどで管のメンバーは少なく、弦中心のプログラムに管を入れてという感じであったが、選曲では少ない人数の管楽器のメンバーのことも配慮していた。町田は言う。金鵄祭（長野高校の文化祭）の一環として長野市民会館でおこなわれた三年生のときの音楽祭が一番思い出深い。フルートソロのあるブランデンブルク協奏曲第五番が演奏され、千人くらいの前でソリストとして演奏しきったときの達成感は忘れられない。

自分のことをかわいがってくださった昇先生のためなら、ということで、町田は後年にテレビ信州で働くようになってからも、昇が発案した長野県新人演奏会の実現と放送のために奔走した。

ＯＢ会の演奏に参加し続け、ボランティアで吹く機会も多い町田だが、こんにちまで音楽を続けてこられたのは、「昇先生がいてくれたおかげ」と言う。

一方、昇が赴任してもはじめは指導を頼まれなかったのが吹奏楽班。既に指揮者（学校外）がいたからだが、やがて転機が訪れる。

音楽の教諭ということで当初、担任を持っていなかったが、何年かすると職員会議で「昇先生も担任やりましょうよ」という声が出始めた。昇は「部活（班活動）でたいへんに忙しく、難しい」と断り続けたが、なかなか抗しきれず、ついに一年生のクラスを担任として持つことになった。このとき、偶然、昇のクラスに入ってきた生徒に木藤純一がいた。

昇の母校である柳中（柳町中学）で吹奏楽部長を務めていた木藤は、高校でも吹奏楽班に入った。木藤は高一のときには音大に進もうと進路を決めたので、昇に頼みピアノやソルフェージュの個人レッスンを受けるようになった。無償での個人レッスンである。

のちに木藤は国立音大に進学し、卒業後は山形交響楽団でプロのホルン奏者として活躍したあと長野県に中学教員として戻り、長野市立北部中学校や長野市立桜ヶ岡中学校の吹奏楽部を東海大会に導くなど、音楽指導者として、また教育者として大きな実績を残してきている。そんな木藤は今もなお、当時つかった昇の書き込みのあるピアノの楽譜をとってある。ときに読み返してみると、今でも勉強になると木藤はいう。音楽の本質を教えてくれた人。木藤の昇評である。

さて高一のときから個人レッスンを受けるなかで、昇がいかに素晴らしい音楽指導者であるか、木藤はすぐに認識した。そして昇に吹奏楽班でもタクトを振ってほしいと願ったのである。

「いまは先輩のてまえ言えないが、最高学年になったら、先生に指導してもらうようにする」

長野高校では二年になるときクラス替えがあるが、クラス替え後も木藤は昇のクラスとなった。木藤は「先生、引っ張ったな」と笑った。昇はこれに対し「違う。偶然だ。赤い糸で結ばれているんだ」と応じてみせた。

木藤はやがて吹奏楽班の班長になった。すると、まず同学年の班員に「話がある」と切り出し、昇を顧問にして東海大会で金（一位）を獲ろうと説得した。全員が積極的に賛成したわけではなかったが、「俺に任せてくれ」と木藤は一任をとりつけ、「ニュルンベルクのマイスタージンガー」のスコアを手に昇に顧問就任を依頼した。東海大会や全国大会で活躍する高校の選曲を考えると、このレベルの曲でなければ勝負できない。そんな決意の現れであった。昇は申し出を快諾した。

三十人ほどの班員全員が昇の力量を認め、顧問就任に納得するには、昇がタクトを振った最初の練習一回で十分だった。

長野高校吹奏楽班と山本昇とが固く結ばれるようになったのは、このように木藤の尽力によるものであった。

こうして昇は吹奏楽班を指導することになった（一九六七年・昭和四十二年）。すると、長野高校吹奏楽班は、それまで一年おきにしか優勝できなかった県吹奏楽コンクールで連続優勝を続けるようになり、さらに東海大会で初の金賞に輝くなど目覚しい躍進を遂げていった。昇は吹奏楽においても県をリードしていく存在となっていったのだった。

長野高校での活躍（後）

さて、合唱、吹奏楽、管弦楽班はそれぞれに活躍していたが、各班が独自に定期演奏会を開催するには至っていなかった。金鶏祭のときに市民会館を借り、全部の音楽クラブが一堂に会しての演奏会という形であった。この演奏会はレベルが高いこともあって二部制で実施せざるをえないほどの人気であり、無料のはずの入場整理券にプレミアがつくという嘘のような事件も起こった。

　しかし、一堂に会しての演奏会であるから、一つの班あたりの持ち時間はきわめて少ない。そこで、合唱班では「合唱班単独で定期演奏会をやりたい」という希望の声が湧き上がりだした。当時は未だ県内高校の音楽班が校外で単独での定期演奏を実施した例がなく、この件は職員会議でも決着がつかず、何度も継続審議となった。

　昇も生徒たちの気持ちに応えるべく校長に根回しするなど奔走し、昭和四十年代も終わりになって、班ごとの定期演奏会が開催されるようになった。

　一九七三年（昭和四十八年）七月二十一日。第一回吹奏楽班定期演奏会。場所は勤労者福祉センター。

翌一九七四年（昭和四十九年）は、七月二十日に第一回合唱班定期演奏会。翌二十一日には第二回吹奏楽班定期演奏会。場所はともに勤労者福祉センター。

両日ともに昇も指揮。長野高校新聞班が発行する長高新聞昭和四十九年八月二十七日号は、十年来の望みがかなったという合唱班ＯＢの声を紹介している。こうして吹奏楽班、合唱班は、ついに単独での定期演奏会を実現させ、このあと管弦楽班も続き、それぞれ単独で定期演奏会を開くようになっていったのである。

なお合唱班は定演実現とともに、コンクールには出場しなくなり、その後ふたたびコンクールに出場するようになったのは、ずっとあとのことである。

長野高校は長らく男子の数が圧倒的に多く、合唱も男声合唱であり、女子の合唱では隣の西高が大森栄一先生に率いられ有名であった。しかし長野高校にも次第に女生徒の割合が高くなっていくなか、ついに女声合唱同好会（のちに班）が誕生した。さっそく一九七五年（昭和五十年）の合唱班の第二回定期演奏会にも参加し混声合唱が披露された。

昇宅は長野高校から歩いて数分ということもあり、女声合唱の生徒たちは先生宅までしばしば訪れ、美智子から発声の指導を受けた。美智子は市立高校を三年勤めたあと退職し、このころは純、智佳子の二人の子育てをしながら、声楽家として、また声楽指導者として活躍していたのである。美智子は言う。

「長野高に女声合唱班が創設され、そのメンバーが我が家にやってくるわけだが、みんな素晴らしかった。譜が読めたし音感も良かった。当時歌っていたのはキャロルの祭典など」

一九七六年（昭和五十一年）に女声合唱班に入った朝野（佐藤）三希子は、後述する長野少年少女合唱団にも加わり初代コンサートマスターをつとめたので、高校の班活動では昇から、少年少女合唱団では美智子からと、昇と美智子の二人から指導を受けることができた。

女声合唱班で歌ったブラームスの「四つの女声合唱曲」はドイツ語を覚えるだけでもたいへんで、歌いこなすところまでには至らなかった。美智子も聴きに来てくれたが、「きれいな声だけど、子どもっぽすぎる」という厳しい批評だった。

とはいえ、女声合唱班や少年少女合唱団で大作曲家の名曲を原語で歌ったことは朝野にとって大きな財産になっている。ブラームスやバッハ、モーツァルトのドイツ語、モンテヴェルディのイタリア語、パレストリーナのミサ曲のラテン語などを、何十年たった今でもちゃんと覚えていると朝野は言う。いま、プロオーケストラの専属コーラスで歌っている朝野は、当時覚えたことがどれだけ役にたっているかわからない、と感謝する。

昇の忙しさは班活動顧問に留まらない。

現役生のみならず、ＯＢの指導も一手に引き受けていくこととなる。

まず合唱班のＯＢによるカイトソサエティーが昇に指導を求め、あの木藤純一も「吹奏楽ＯＢによる団をつくるので指導を」と申しでて、ＯＢ定演が始まった。管弦楽班のＯＢ演奏も指揮を執るようになっており、ときに昇には休む暇もなかった。

なにせ、現役生、ＯＢのそれぞれについて合唱、吹奏楽、管弦楽を指導するのだ。大学生などの帰省する夏休みは殊（こと）に忙しく、野球部の広岡名将に「いつも学校にいるのは、アナタと俺だけだね」と言われるほどで、家に食事をとりに帰るほかは、午前、午後、夜と、ずっと学校で指導にあたる日さえある昇であった。


一九七八年（昭和五十三年）に合唱班に入った吉川泰は、入学後まもなく先輩に言われたことが強烈に印象に残った。先輩たちがあるとき練習不足のままで昇の指導を受けたときのこと、昇は「君たちは僕を譜読みに呼んだのかね」と言って、そのまま自宅へ帰ってしまったのだという。

当時、合唱班では日常的に昇に指導を受けていたわけではなく、ふだんは学生指揮のもとで練習し、定演の前などに集中的に昇の指導を受けていた。もちろん譜読みなどは班員たちが自主的に行い、学生指揮のもと十分に練習した段階で昇を呼びに行き、指導してもらうわけだ。昇が指導にくると、班員たちはピシッと緊張した。昇がほめることはまずなかっただけに、一年生の冬、フォーレの「レクイエム」を合唱班と女声合唱班が合同で練習していたとき、いまの音は良かったと昇がほめてくれたことが、吉川にはとても印象に残っている。

音楽には妥協なく厳しい。しかし、つかまっていくだけのすごいものがある。吉川の昇評である。吉川は自分の結婚披露宴にも昇を招いた。

結婚披露宴での昇の祝辞は次のようなものであった。

結婚（夫婦）とはフーガ、対位法。
それぞれの主題を独自に奏で、主張してよい。
途中で不協和音になってもいつか解決する。
まず自己を主張して、
自分の歩んできたものを大事に、
お互いに主張しあい、
けれどもそれはお互いを意識してのこと、無視ではない。

それはやがて完全な形になっていく。

音楽家らしい祝辞であり、昇・美智子夫妻を考えたときにも、意味深い言葉だ。

吉川は社会科の高校教諭として、数年前に母校長野高校に赴任し、合唱班の顧問を務め、定演での指揮も執っている。

部活（班活）中心に書いてきたが、最後に音楽の授業についても触れよう。長野高校の生徒は、音楽、美術、書道のなかから一科目を芸術科目として選択できた。このうち音楽を選択した者が昇の授業を経験したわけだ。たとえば一九七〇年代後半（昭和五十年代）の昇の授業の風景は次のようなものだった。生徒たちは、ＮＨＫ名曲アルバムなどの映像を見ながらクラシックを聴き、そのあと昇の解説を聞いた。さらに歌となるわけだが、歌う曲目はクラシックからビートルズに至るまで幅広いものであった。班活動での指導とは違って特に厳しいこともなく、生徒からすると楽しい音楽の授業であった。

余談だが、美智子の西高時代の恩師桜井誉人先生の息子さんが偶然にも長野高校数学科の教諭として赴任していた。桜井先生と昇の二人はすぐに意気投合した。音楽科は昇ひとりしかおらず研究室は実質無いような状態だったが、このような縁もあって「音楽科も数学科の場所に置かせてほしい」と昇が頼むと数学科も快諾、通称「音数科」創設と相成った。これ以降、親睦旅行なども、昇は数学科の先生がたと一緒に行くようになった。

ＳＢＣアンサンブル

昇の活躍は長野高校の中に留まらない。

新大音楽科嘱託時代に結成し常任指揮者に就いていた長野室内合奏団の活動は長野高校教諭就任後も続けていた。トーチクの二階に七〜八人集まっての弦楽アンサンブルであったが、そのレベルの高さは既に音楽関係者の間では広く知られていた。

そのころ既にＳＢＣアンサンブルが発足しておりクラシックはやらずポピュラー中心での演奏を行っていたが、ＳＢＣ音楽部門の責任的立場にいた深堀、北村両氏は、それに飽き足らなかった。そして「今のＳＢＣアンサンブルと昇ちゃんのアンサンブルとで一緒にやってくれないか」と声をかけたのである。

結論からいうと、それまでのＳＢＣアンサンブルの指導者が降り、長野室内合奏団がＳＢＣアンサンブルに改組する形になった。昇の音楽人生は、いよいよ充実していくことになった。昇の指揮、ピアノ演奏のもと、合同での練習は週一回、ＳＢＣで。クラシックにポピュラーを加えての演奏は評判よく、殊に一九六六年（昭和四十一年）から連続四回にわたって「モーツァルトの夕べ」（六六年交響曲第二十九、六七年交響曲「リンツ」、六八、六九年交響曲第四十、など）、その後、「バッハ連続演奏会」などを行い、「県下では最も高い演奏技術を示し得る団体」（「音楽の信州」竹内邦光著　一九七三年〈昭和四十八年〉発行）などと評された。ＳＢＣアンサンブル全体としての演奏会とは別に、団員の一人、ヴァイオリンの西田和弘と、ピアノあるいはチェンバロの昇の二人で、ソナタの夕べと題した演奏会を六回催し、これも好評を博した。西田はのちに昇の息子純にヴァイオリンを教えることになる。

なおＳＢＣアンサンブルには一九六九年（昭和四十四年）のモーツァルトの夕べをはじめとして幾度か、美智子が独唱で参加し、ソリストとしての充実ぶりを示した。

ＳＢＣアンサンブルの大きな特徴の一つは、地元のみならず、ヴァイオリン外山滋、チェロ矢島富雄といった中央で活躍する音楽家が長期に亘って参加したところにあるだろう。

もともと昇にはＳＢＣアンサンブルを室内オーケストラレベルにまで大きくしたいという夢があり、群響や海外のオケを引き合いに出して、その夢を実現するために様々な交渉をしたが、やはり「お金」が何よりのネックになり、この実現は難しかった。ならば、と。予算の範囲内で最高の演奏家を呼びSBCアンサンブルで足りないところを補っていこうと、外山滋などに声をかけ、SBCアンサンブルの客演および客演指揮などで加わってもらうようになっていった。伊達純先生の留学のときに池本純子先生を紹介してもらい、以来昇は池本先生に師事していたが、その縁から外山滋とのつながりができていたのである。

このような一流の演奏家を一人呼ぶだけでも予算はぎりぎり。そこで、昇はこれらの演奏家に我が家を提供した。ホテル代を浮かせるためだ。上松の我が家に泊まってもらい、美智子の手料理をふるまったのである。こんなときは美智子の実家の山久も、美味しい魚を持ってきて協力した。上松の自宅は夜遅くまで音楽談義で盛り上がり、外山などは朝起きてくると浴衣を着たままヴァイオリンを弾いた。

ちょうど長男純が産まれたころのことで、純は父母が音楽家の家で、しかも大勢の音楽家が集まる家で育っていったのである。後年、純は弦楽器プレイヤーとしてプロのミュージシャンになるが、ある日のスタジオのあと昇に電話し「ヤジさん（矢島富雄）が（一緒に）やってたよ」と報告してくれた。小さな子どものときに我が家に泊まっていった音楽家と、同じプロどうしとして共演したわけである。

チェンバロ

ＳＢＣアンサンブルで、昇はピアノ奏者としてのみならずチェンバロ奏者としても活躍した。ピアニストである昇がチェンバロを求めた理由は、ピアノではバロック時代の音が出せないからである。

その時代にピアノはなかったのだ。それではバロックの音とはどんなものだったのだろうか。それを追い求めるためにはバロック時代の楽器で演奏するしかない。これがチェンバロ購入のそもそもの動機である。

初めて購入したのはシュペアハーケ。小さく運びやすいモダンチェンバロである。昇はラジオ番組のなかで同じ曲をピアノとこのチェンバロで弾き比べてみせて、チェンバロの特性や魅力などを紹介している（一九七三年〈昭和四十八年〉九月二十二日放送）。このときのテープを聞くと、演奏の素晴らしさとともに、落ち着いた、わかりやすい語り口での解説が秀逸であり、昇が解説者としても一流であることがわかる。

このころ昇はＮＨＫのＦＭ放送でもクラシックのＤＪを務めることがたびたびあり、高校時代これを聴いていたのが上野誠。高校の合唱部員だった上野は、放送のあるときは欠かさず聴いていたという。「先生は、やさしい語り口で、ワンポイントで的確な解説を添えられていた。当時、音楽をやるものにとって先生は有名で、一方的に憧れていました」と上野は回想する。のちに上野は長野赤十字看護専門学校や少年少女合唱団で美智子や昇と深くかかわることになるが、これは後述しよう。

購入したシュペアハーケであったが、チェンバロについてさらに勉強していくにつれ、やはりモダンチェンバロではなく、バロック時代のようなものが良いとわかり、昇は、長野高ＯＢで古楽器専門店に勤めていた野口さんという知人に、どのように入手すればよいか助言を乞うた。野口氏からは「キットを輸入し日本で組み立てると良い」とのアドバイスを受けたが、さすがの昇も、すぐに実行に移すには至らなかった。

そんな中でのある日、ＮＨＫ教育（現Ｅテレ）で音楽番組を観ていたときのことだ。

小林道夫がチェンバロを弾きながら、堀栄蔵という楽器職人にインタビューするという企画だったが、堀の「私はチェンバロという鍵盤・弦楽器をつくっている。ピアノとは違う。ピアノは鍵盤・打楽器だ」という発言に昇は衝撃を受けたのである。そうか、チェンバロとピアノはそこが違うのか、言われれば、その通りなのだが、コロンブスの卵だった。

「この人だ。この人しかいない」

昇は野口氏をとおして堀の連絡先を調べてコンタクトをとると、さっそく上京した。

「堀先生、お願いします。私にチェンバロをつくってください」

「先生なんて言わなくていいよ」

堀は、今どんなチェンバロを使っているのかと訊いた。昇がシュペアハーケと答えると、あれはオモチャだと応じた。

「どうか、つくってください」

昇の目をじっと見つめてから堀は答えた。

「実は、これから一年間オランダに研修に行くんだ。そのあとでもいいか」

「もちろんです」昇は、深々と頭をさげた。

一年後、堀は約束に違(たが)わず、昇のためにチェンバロをつくり、完成品を自ら運転する車で長野まで持ってきてくれた。もちろん高速道路などなく、東京から長野まで車で七、八時間はかかる道のりをだ。堀は昇の家に一泊し、美智子は精一杯の手料理でもてなした。

堀は昇に言った。

「私は誰にでも作るわけではない。私が君を気に入ったのは、いくらかかりますかと値段のことを一言も言わなかったからだ」

チェンバロ購入は昇が個人で使うためではない。演奏会で使うためだ。同じことはパイプオルガン製作者の草苅徹夫から購入したポジティーフオルガンについてもあてはまる。

チェンバロは演奏会のたびに上松の自宅から運び出されるので傷だらけになっていったため、あるとき昇は堀に「直してください」と頼んだのだが、堀は「勲章じゃないか。家に置いてあるだけなら傷はつかない。外で使うからこそ傷がつくんだから」と応じて直さないのだった。

上松の地でのレッスン（上）

上松にある自宅は兼ねてレッスンの場でもあり、昇も美智子も大勢の子どもたちに主に個別の指導をおこない、ここから多くの音楽家が育っていった。

そのうちの一人、服部秀子は、ヤマハの音楽教室で女性の先生からピアノレッスンを受けていたが、先生の結婚に伴い新しい先生をさがすことが必要になった。服部が小三のときである。ヤマハから紹介された先生もいたのだが、同年代の友だち二人がすでに昇から教わっていたこともあり、あまり深くは考えず、昇に頼むことにした。昇の発表会を母と聴きに行き、母が楽屋で依頼すると、昇は「ぼくは忙しい。毎週は無理だけれども、それでもよければ」と応じ、それで良いですということで教わることに決まった。

初めての上松でのレッスン。これは服部にとって衝撃以外の何ものでもなかった。それまでのヤマハの先生はやさしい先生だっただけに、昇の厳しさ、張りつめた雰囲気のレッスンは、予想もしないことであった。待合室からして、待っているすべての生徒が、一言も発さず楽譜をみながら最後のおさらいをしているという張りつめた雰囲気であった。服部は人生において初めて、ふるえながら帰宅した。

かなりの年齢になるまで服部は、昇宅に着いてから帰るまでのあいだに、「お願いします」と「ありがとうございました」以外、何も言えなかったという。

毎回必ず、次のレッスンまでの課題が出されたが、それをやらないで、つまり弾かないでいくということは考えられなかった。服部の場合、日曜の夕方のレッスンが多かったので、日曜は朝から夕方出かけるまで家で練習して準備した。日曜夕方のレッスンが終わると、さすがに月曜、火曜はピアノに向かう気になれなかったが、水曜日になると、練習を再開しなければ間に合わない。どんなに長い曲でも、バッハでも、次の日曜日までに絶対、弾けるようになっていなければいけない。やっていかないなど、考えられなかった。課題をクリアすると「次は暗譜で」といった具合に次の段階の課題へと進んでいく。

体罰などはない。しかし猛烈に厳しいレッスンであり、ときに「あの車に飛びこめば、この苦しみはなくなる」と思うほどだったが、服部は両親に辞めたいと言ったことはなかったという。何か惹かれるものがあったのであろう。課題を一つ一つクリアしていき「次は暗譜で」と言われるときは、これができれば、あと一週で合格がもらえるという嬉しさもあったという。また、昇が最初の数小節を弾いたり歌ったりして、このように音楽をつくるんだと教えてもらうことで、立体的に音楽をつくることもわかるようになるなど、服部の音楽の世界自体、大きく広がり、深まっていった。こんな素晴らしい先生に入門できたという誇りも感じていた。

この上松の地から何人もの音楽家が巣立っていったと記したが、服部より前から昇にレッスンを受けていた友だちの二人というのも、小林万里子、渡辺かおるである。それより少し上では山田彰一がいる。その渡辺は服部に「結婚する前はもっと厳しかった」と述懐したという。

ただ誤解のないよう付け加えると、当時のピアノの先生には昇に限らず、そうとう厳しい先生が大勢いた。間違えると手をはたく先生もけっして珍しくなかった。そういう時代だったのである。

昇の音楽に対する妥協をゆるさぬ姿勢は一貫して変わらないが、その醸し出す雰囲気は、少しずつ変わってきているのかもしれない。この時代に昇に教わった人々は、現在の山本音楽研究室の雰囲気を以前とは違うと言う。それは昇自身の変化もあるかもしれないが、子どもたちをめぐる社会環境の変化が大きな要因であろう。いま、昇はときに服部に「昔のようには厳しくできなくなったな」と語るときがあるという。

「こんな厳しい人と、どうやって奥さんは生活できるんだろう」服部は当時、不思議でならなかったというが、一方で、なにか事情があって産まれたばかりの娘の智佳子を抱きながらレッスンしてくれたときの昇のやさしかったこと、お正月の集まりのような行事のときは昇がにこにこしていたことなども印象に残っているという。同じころ昇に教わっていた曲渕（まがりぶち）（旧姓吉川）泉も、発表会のあとのお茶会などでくだけた話をする昇をみて「あっ、こういう先生なんだ」と再認識したという。

曲渕は小三まで教わっていたピアノの先生が出産を迎えたため、昇を紹介されたのだが、教わり始めてすぐの発表会で他の生徒たちの演奏を聴き、そのあまりのレベルの高さに度肝を抜かれた。ただ弾いているというのとは次元が違っていた。

もちろん、それは厳しいレッスンに裏づけられたものであった。待合室には常に三、四人がいて、それぞれに四冊の楽譜を膝の上に置き、一言も話さずおさらいしている。レッスンでは昇の「何で弾けない」「泣いたからって上手く弾けるもんじゃない」という叱責が響いた。曲渕は「おねがいします」や「ありがとうございました」さえ言えなかった。次のレッスンのスケジュールを聞いて「はい」と答えるのが精一杯だった。

大勢の生徒がいるために決まった時刻に始まることも終わることもなく、帰りには真っ暗になった。当時の上松はまだ田舎であり、市街地に住む曲渕は心細かった。いま何時かと昇に聞く勇気も持ち合わせていなかったため、何時なのかもわからない。

「本当にバスが来るのかな。最終のバスが行ってしまったのでは」とバス停で不安になることもあった。それだけにバスが見えると心底、ほっとした。

上松の地でのレッスン（下）

曲渕は小六のときに体調を崩してピアノを辞めざるをえなくなったが、音楽が好きなことには変わりなかった。クラスにはビートルズやグループサウンズの話で盛り上がる仲間もいた。
長野西高等学校入学後、合唱班に入部したその週に「今度の土曜日は長野高との合同練習だから」と言われた。北信高等学校音楽連盟が主催する北信高校音楽祭で女声の長野西高と男声の長野高が合同で混声合唱をするためだったが、特にピンとくることはなかった。それゆえ、長野高の指導者として昇があらわれたときには驚いた。久しく思い出すことのなかった昇先生であった。昇の指揮で練習が始まると、また驚いた。曲渕の知っている昇はあくまで一対一でピアノを教えてくれる先生。違う人かと思うほどだった。

一年の冬に先輩から「来年度の学生指揮は吉川がやって」と言われたとき、美智子のことが思い浮かんだのは、この昇との再会があったからだと曲渕はいう。「そうだ、昇先生の奥さんは声楽の美智子先生だ。指揮なんてどうやればよいかわからない。美智子先生に教わろう」小学校のとき山本家に行くと、美智子が別の部屋でアップライトのピアノでレッスンを授けていた姿を思い出していた。

曲渕が美智子に連絡をとると美智子は「覚えているわ」と言った。曲渕が「実は合唱班で指揮をしなくてはならなくなった。教えてほしい」と頼むと「いいわよ」の返事が返ってきた。

曲渕としては、あくまで合唱班の学生指揮を務めることができれば良かった。当然、音楽の道へ進む気持ちはこれっぽっちもない。そんなこともあって部活で遅くなるとレッスンに間に合わないこともあり美智子に「時間も守れないの」と叱られることはあったが、それなりの練習だけしてから臨む、気楽なレッスン通いであった。それが一変することになるのは高校二年の冬のことだ。合唱班にどっぷりとつかり、練習以外でも仲間たちと遊ぶのが楽しかった曲渕は勉強がすっかりお留守になってしまっていた。このままでは今まで考えていた進路はとても無理だ。曲渕は考え、やがて音楽しかないという結論に達した。

「音大に行きたいと思います。声楽に進みたいです」曲渕が言うと、美智子は「今さら困る。話が違うじゃないの」と驚いた。音大に行くためとなれば、今までのようなわけにはいかない。しかも、もう高校二年の冬などという今ごろになって。美智子の困惑は当然である。

そうはいっても結局は教えてくれることになった。曲渕は常に十曲ほどを課題として持たされ、家では大き組み、厳しく指導するようになった。美智子は受験に間に合わせるべく計画をな声で練習できないので学校の音楽練習室で昼休みと部活の前後に練習した。高三にして初めてソルフェージュのレッスンも受けるようになった。昇と美智子はまだ長野では誰もソルフェージュに注目しないころからレッスンに取り入れていたので、小さいときから受けていれば良かったのだが、高三からとなるときつかった。小さい子がちゃんと聴音できるのを横目にみながらのレッスンとなった。さらにピアノに関して美智子は「お父さん（昇）に教われば」と言うのである。このときばかりは曲渕も「音大に行くなんて言わなければよかった」と後悔したのだった。

美智子の師である三宅春恵（二期会創始者の一人）先生のところへレッスンを受けに行ったこともあった。そのうちの一度は美智子と二人で出かけた。帰りにわざわざ渋谷の名店街に寄って昇の好物を購入する美智子をまのあたりにして、何か感慨を覚えた曲渕であった。

一年という短い準備期間ではあったが曲渕は無事、愛知県立芸術大学に合格した。が、合格発表のとき美智子は日本にいなかったので昇への合格報告となった。このとき美智子はヨーロッパの少年少女合唱団を訪ねるツアーに出かけていたのである。長野少年少女合唱団を誕生させるきっかけとなる欧州行きであったが、この件はのちほど詳述しよう。

なお美智子の門下生により、やがて「山本美智子門下生声楽の集い」が結成され、これはさらに「ムジーク・ブルンネン」に改組され、毎年コンサートを開催している。ちなみにムジーク・ブルンネンの名付け親は山本純である。

長野市民合唱団コールアカデミー

一九六四年（昭和三十九年）の東京オリンピック、七〇年（同四十五年）の万国博、七二年（同四十七年）の札幌冬季オリンピックは、奇跡ともいえる高度経済成長を続ける日本の復興と発展を象徴する出来事であったが、七一年（同四十六年）のニクソンショックと七三年（同四十八年）の石油ショックは時代の大きな転換点であった。長い間つづいた高度経済成長は終わりをつげ、これ以降日本は低成長時代に入っていくことになる。

その激動の昭和四十年代も終わろうとするころ、塩沢荘吉氏が中心になり長野市内の合唱団のいくつかが集まり長野市民合唱団コールアカデミーが結成された。最初に集まったのは約八十名。塩沢氏の提供する西後町の塩沢ホールが本拠地である。

塩沢氏は昇に指揮者を依頼した。このとき昇は、指導料のようなものはいらないから、その分のお金を、オケを呼ぶのに取っておいて欲しいと頼んだ。他の合唱団と違い、この合唱団はオケ付きにしたい。これが昇の願いであった。

昇にはＳＢＣアンサンブルがある。昇はヘンデルのメサイアなら弦楽でほとんどできることに着目した。

こうして一九七四年（昭和四十九年）十二月二十一日、合唱はコールアカデミー、演奏はSBCアンサンブル、指揮の昇は自らチェンバロも演奏するという形で、ヘンデルのメサイア全曲演奏会が実現したのである。ソロは、ソプラノが美智子、他のパートは東京から演奏家を呼んだ。

一九七七年（昭和五十二年）には群馬交響楽団を招いてのモーツァルト「レクイエム」。昇にとっては初めてのプロのオケの指揮であった。

オケ付きの合唱団という昇の理想は、しかしお金のかかるものであったことも事実だ。プロの楽団を招くのは大変なことだ。

また、ソロのある曲のソプラノは美智子が務めたが、これに対し自分の女房を歌わせていると反発する人もあった。昇とすれば、客観的にみて美智子以上のソリストは長野にいないという思いがあったし、実際、美智子には誘客力もあったが、たしかに指揮者の妻であるのは事実なので批判を受けてしまうのだった。

それにしてもオケ付きの合唱を実現させるなど、昇は常に長野の音楽界において先頭を走っていた。他にも例がある。リラックスした雰囲気のなか音楽を楽しんでもらおうとホテル長野国際会館（現ホテル国際21）の協力を得てSBCアンサンブルのコーヒーコンサートを開催した。コーヒーを楽しみながらのコンサートというのは長野では例がなく、昇の活動に共感し足しげく取材していた信濃毎日新聞文化部北村氏は、この企画を数段抜きの記事で紹介してくれ、コンサートは満員となった。

「お父さんはすべてにおいて世の中より一歩早い、時に早すぎるときもある。あとから世の中がついてくる感じだった」とは美智子の昇評である。

のちに昇はコールアカデミーを離れたが、合唱とオケとのジョイントという試みは、長野の音楽史において重要な位置を占めることになるだろう。

勉強、勉強

少し、話を遡り、昇と美智子にとっての音楽の師を整理してみよう。

昇にとって最初の音楽の師は、城山小学校の杵渕佳三先生。中学時代は宮川三千代氏、北高(現長野高)時代からは小山郁之進氏に師事したわけだが、これらの師のほか、当時レコード解説の第一人者といわれた村田武雄氏からも大きな影響を受けた。

指揮法は新潟時代から三瓶十郎先生に師事。同じころよりピアノは美智子の師である声楽の宝井先生をとおして伊達純先生を紹介してもらった。

東京に住む先生方からレッスンを受けるのは、新幹線も高速道路もない当時、たいへんなことであった。昇は片道七時間かけ、蒸気機関車に牽引された夜行列車で上京した。汽車を降りると先(ま)ず行ったのが「東京温泉」という銭湯。碓氷(うすい)峠のトンネルで煤(すす)けた体を洗い清めた。午前八時ころ宝井先生宅を訪問すると朝食をご馳走(ちそう)してもらい、そのあと、伊達先生のお宅を訪れピアノのレッスンを受けた。そして夜は再び上野駅から夜行列車で長野へ帰るのであった。伊達先生留学の際には池本純子先生を紹介してもらい北鎌倉のご自宅までレッスンを受けに通った。その池本先生とのつながりから共演するようになったのが外山滋氏。

またチェンバロについては、軽井沢ミュージックサマースクールで山田貢先生に師事した。

軽井沢ミュージックサマースクールだが、これは当時、毎夏開催されていたもので、メゾソプラノの佐々木成子(さだこ)、フルートの林りり子、ヴァイオリンの外山滋、ソプラノの三宅春恵など、当代第一線の顔ぶれが参加していた。

昇と美智子は、このスクールに毎年通い、得るもの大であった。サマースクールでのバッハ研究会では、バッハ研究第一人者である角倉一朗先生による講義に大きな影響を受け、この研究会で山田貢先生と出会い、チェンバロを学ぶことに繋(つな)がった。

夜は会場を移してのコンサートであったが、当代一流の演奏家たちが、ほとんどぶっつけ本番で素晴らしい演奏を披露し、避暑を求めて軽井沢に滞在していた多くの音楽愛好家たちを楽しませた。

昇と美智子の長男・純も、まだ美智子のお腹にいるときから小学生のときまで毎年軽井沢に連れて行ってもらい、音楽の世界に浸り、美智子の師、三宅先生に可愛がってもらったのである。

美智子の場合は、まず高校時代に桜井誉人氏、新大時代は宝井真一氏の各氏に師事し、卒業後は二期会創設者のひとりである三宅春恵氏に師事した。また発声法を木下武久氏に師事。

昇は言う。「美智子はもともと恵まれた声ではなかった。発声のことについて、とことん勉強して、資質の恵まれないところを克服していった。発声法もそうだが、それ以前に、声帯などの体のメカニズムについても研究していた」

三宅春恵先生に「発声研究会」を紹介されたことをきっかけに、学びと努力を重ね、「自然に」発声することを美智子は会得していった。

三宅春恵先生にレッスンを受ける際には、昇も一緒に上京し、昇の伴奏で美智子が歌った。

三宅春恵先生は美智子にレッスンするのみならず昇に対しても「詩を理解し、暗記し、歌う人の気持ちになって伴奏するように」などと指摘し、昇にとっても伴奏の勉強になった。

三宅夫妻は春恵先生がソプラノ、夫の洋一郎先生がピアノ伴奏。このスタイルは山本夫妻の手本になった。

さきほども書いたとおり、当時は新幹線など無い。上京してレッスンを受けるというのは一大仕事であった。それが可能になったのは、昇の理解と、子育てを手伝ってくれる周りの環境が大きかった。

純が小学校一年のとき、美智子の父、寅男が亡くなった。仏教哲学を独学で追求し続け、その結果両眼の視力をほとんど失うという、まさに求道の一生であった。

これをきっかけに美智子の母きよは上松の家に同居するようになり、以降、美智子が上京する際には、きよが純や智佳子の弁当をつくってくれるようになった。美智子はその後、五十歳ころまで、上京してのレッスンを続けたのである。

もちろん上松の自宅での毎日の勉強は欠かせない。美智子の楽譜を見た者は、すごい量の書き込みに驚く。昇と美智子の二人は常に努力を惜しまず、勉強し続ける音楽家なのである。

長野少年少女合唱団発足

ある日、長野高校から帰宅した昇は、日本旅行から貰(もら)った音楽ツアーのパンフレットを美智子に見せた。

それは世界の少年少女合唱団を訪ねるという企画であった。

美智子は興味をそそられたが、昇も「いいことだから、行ってこい」と後押しし、というか「もう、旅行費用は払いこんだから」と美智子をびっくりさせた。こうして美智子はこのツアーに参加することになった。実は昇としては内心、自分は忙しいので―当時は、長野高校、SBCアンサンブル、高田木曜会、長野市民合唱団コールアカデミーと掛け持っていた―、美智子に、長野にも少年少女合唱団をつくってもらいたい、という想いがあった。

美智子自身は、いつか長野にも少年少女合唱団を、という思いはあったものの、自分で合唱団をつくり率いるという気は全くなかった。羽田空港で昇に見送られ旅立つ時には「どうしてこんなところに一人で行かせるの」と涙目の美智子だったが、結果的には昇の思惑通りになった。

ツアーは一九七四年（昭和四十九年）三月に実施され、参加者の半分は学校の先生、半分はウィーン少年合唱団のファンという感じだったが、欧州をまわり各国の少年少女合唱団の演奏に浸るなかで、美智子は技術だけでなく心で音楽を楽しんでいるヨーロッパ各地の少年少女合唱団をみて「これだ」と感じ、長野にもこのような素晴らしい少年少女合唱団をつくっていきたいと思い始めていた。

特に美智子の印象に残ったのは、レーゲンスブルグ少年合唱団だった。練習が始まるまでは、年齢の上下関係なく、みんなが屈託なく、楽しそうに騒いでいて、先生が入ってきてもなかなかおしゃべりをやめない。先生にしかられて、やっとみんな整列するわけだが、いざ練習が始まると、完璧なハーモニーで素晴らしい歌声を響かせるのだった。声変わりした子も低音にまわっているので、年齢差は大きい。しかし年の違う子どうしの仲の良さは羨ましいぐらいだった。歌の上手なだけでは、そこまでは感動しなかったろう。合唱をとおして、こんな人間関係が育（はぐく）まれているということに美智子は感動したのである。

帰国すると美智子は出発前とは打って変わっていた。

「合唱団をつくりたい」

昇に情熱をこめて語り、そのことに夢中になった。

まず正式発足の前に、実際に児童合唱を始めた。美智子に声楽やソルフェージュを教わっている子どもたちに声をかけ、合唱の練習を開始した。同時に、どのように社会に働きかけていくか、社会の各界で活躍している人々を集め意見を求めた。こうして、広報戦略が固まっていった。

音大入学前に声楽を美智子に師事した丸野順子は、合唱団の設立準備段階では木曽郡にある木祖中学に勤務していた。美智子から合唱団の創設を手伝ってくれるよう依頼された丸野は、休みの日に木曽から長野に手伝いに行った。少年少女合唱団という新しいものをつくることを手伝えるワクワクとした気持ちでいっぱいだった。木曽から長野に着き、街を歩いていくときの軽やかな気持ちを、丸野はよく覚えているという。

一九七六年（昭和五十一年）になると、いよいよ、ホテルアルカディアや県社会福祉総合センターなどで、練習してきた児童合唱の演奏を披露した。その一つ、三月二十八日（日）に県社会福祉総合センターで行われた演奏会のプログラムをみると、「少年少女合唱団」という仮の名称がついている。演目は中村八大「これが音楽」、湯山昭「へい！タンブリン」「オートバイのうた」「ドキドキドキのオーケストラ」、小倉朗「東北地方のわらべうた」より二曲、南安雄の合唱組曲「チコタン」全曲、柳沢昭「さよなら　みなさま」。

演奏会で、これから長野の地に少年少女合唱団が本格的に発足していくという機運を高めた。また演奏会での反響をみて、次の方針へ活かした。

チラシやポスターをどんなものにしていくかを考えるため、美智子はいろいろな既存の団体のチラシやポスターを集め、自宅の居間のなかに広げては、夜遅くまで、ああでもないこうでもないと考え抜いた。昇が何か言おうとすると、「お父さん、これは私の仕事だから」と言って、また一人でチラシやポスターの中身やデザインを練った。海外に視察に行く前とはまったく違う美智子であった。

チラシができて送る段などさまざまな場面で、教え子のお母さんたちが手伝ってくれた。新聞にも取り上げてもらった。美智子は大勢の人々の助けに感謝した。


このような努力が実った。「少年少女」という言葉に夢があった。ちょうどウィーン少年合唱団が来日し人気があったころで、しかも長野には同種のものが無かったこともあってだろう、小学一年生から高校三年生まで百四十人もの子どもたちが合唱団に入団したのである。一九七六年（昭和五十一年）五月、正式に合唱団は発足した。

合唱団には、昇と美智子の二人の子ども、純、智佳子も入った。純は当時小学六年であり、ボーイソプラノもあとわずか。智佳子はまだ小二だった。合唱団の創設は、美智子から我が子たちへのプレゼントという意味もあった。

常に家の中に音楽のある環境のなかで育ち自然に音感を身につけた兄妹は、子供たちのお手伝いの仕事と決まっていたガラス拭きをするにも、「キュッキュッ」という音を聴きながら「この音、さっきのより半音低い」などと言いあい、外で車が急停車するのを聴いても「ラの音だ」などと直ぐに反応するなど、強制されるわけでもなく毎日の生活の中で音を楽しみながら、育ってきていた。

団は発足早々から信濃毎日新聞の水庫正巳氏など多くの方が協力を惜しまず、早くも七月には、来日したウィーンの森少年合唱団との合同演奏が実現した。まだ長野市の街なかを歩いても、まず外国人の姿を見かけることなどなかった時代である。もちろんＡＥＴなど外国人の先生は配置されていない。外国人とはテレビを通して見る存在でしかなかった時代での、外国合唱団との合同演奏である。

十月三十一日には旭町の県勤労者福祉センターホールで創立記念演奏会が開催された。指揮は美智子と副指揮者の丸野順子。伴奏は昇。「手のひらを太陽に」で開幕すると、引き続き南安雄作品集と銘打ち、ジュニアは、こどものための合唱組曲「日記のうた」を、シニアは「チコタン」を合唱した。さらにシニアはドイツ・ロマン派の合唱曲、ウェルナー「野ばら」、メンデルスゾーン「歌のつばさに」、Ｊ・シュトラウス「美しく青きドナウ」、休憩をはさんで日本のわらべうたを五曲歌い、プログラムの最後、全員で湯山昭「ドミソの歌」を合唱した。こうして創立記念演奏会は大成功のうちに幕を閉じた。

長野高校退職

全国高校総合体育大会いわゆるインターハイ（一九七六年・昭和五十一年）開会式での入場行進のマーチ、やまびこ国体（七八年・同五十三年）でも皇太子殿下の臨席のなか、昇は指揮棒をふった。ピアノ、チェンバロ奏者として、指揮者として、昇は円熟を迎えつつあった。

高田木曜会合唱団の創立二十五周年を記念しての委嘱作品、混声合唱組曲「海の童話」がビクター音楽産業よりLPとして発売されたのもこのころのこと。一九八一年（昭和五十六年）、日本の合唱名曲選、第七巻に収録され発売された。中村千栄子作詞、中田喜直作曲。山本昇指揮、高田木曜会合唱団、ピアノは服部秀子。服部は武蔵野音楽大学卒業後すぐに、長野少年少女合唱団と高田木曜会合唱団のピアニストとなっていた。静かで幻想的な中にも動きの表現された一曲目「砂山の夜」のみごとな演奏から始まり、全六曲。すばらしい演奏が記録され、全国の音楽を愛する人々に届けられたのである。

SBCアンサンブル・チェンバロ奏者として、学生時代からの高田木曜会合唱団常任指揮者として、さらには長野市民合唱団コールアカデミーの常任指揮者にも就任し、まさに八面六臂(はちめんろっぴ)の活躍であったが、本職はあくまで長野高校の音楽教諭である。一九六一年（昭和三十六年）四月から一貫しての長野高校への勤務であった。当時は、このように長期間にわたり一つの高校に留まり続ける先生が何人もおり、各学校のカラーを築く要素の一つになっていたのである。

しかし、一九七五年（昭和五十年）ころから次第に状況が変化してきた。熱心に組合活動をする先生などが、二十年以上も一校に留まる先生がいるが他校と交流すべきではないかと発言し始めたのである。やがて教育委員会も、二十年選手には辞めてもらうか転任してもらうという方針を打ち出し、上の世代が次第に転任していくなか、昇は一番の古株のうちの一人になってしまっていた。

当時の麻沼和男校長から「そろそろ二十年になるが」と問われた昇は、「二十年たったら、辞めるか、他に移るか決めたい。いまはコールアカデミーや、他にもいろいろやっている。家内も地元でやっている。長野市から離れる転勤ではこれらが成り立たなくなる可能性もある。二十年たったら決断します」と答えた。

そして迎えた二十年目、昇は校長室に麻沼校長をたずね、「二十年たちました、退職します。いま開業しても困らないし、それに自分で研究したいこともあります。有難うございました」と告げた。校長はこれを了承し、次年度の人事にかかわる職員会議で「山本先生は退職されます」と発表すると、まだ四十代の昇の退職など予想していなかった同僚たちは「えっ」と驚きの声をあげた。

こうして一九八二年（昭和五十七年）三月、昇は、学生時代をすごし、さらには講師時代の一年間を含め二十一年間におよぶ教員生活を送った長野高校を去ったのである。

ちなみに、退職時の校長麻沼和男氏は新設の長野南高校の初代校長に任ぜられるが、昇の力量を認めていた彼の依頼により、昇が南高校歌の作曲者となったということも付言しておこう。

昇の退職については、いろいろな意見を聞く。教育者としては、一つの学校だけでなく、他の学校でも教えた方が良かったのではないか、という声は多い。一方で、ＳＢＣアンサンブルなど地元での音楽活動のことを考えると音楽家としてはやむをえなかったという意見も多い。ただ、それらはいずれも外野の意見だ。いずれにせよ、昇は自分の人生を自己の責任において選択したのだ。

第一部を締めくくるにあたって、その後の長野高校の班活動について記しておこう。まず合唱であるが、女生徒の数が多くなっていくなか、合唱班と女声合唱班は一九八六年（昭和六十一年）に合同して混声の合唱班となり、一九九二年（平成四年）に二十年ぶりにコンクールに出場して以降は、ほぼ毎年コンクールに出場し、二〇〇八年（同二十年）NHKコンクール全国大会優良賞、翌年には朝日コンクール全国大会銅賞を受賞している。定演は二〇一四年（同二十六年）に第四十一回を数えた。

管弦楽班は近年、全日本高等学校オーケストラ連盟にも加盟し、定演も二〇一五年に第三十五回となった。いったん途切れていたOB・OGによる演奏会も二〇〇三年（平成十五年）に復活し、昇が毎年タクトを振っている。

吹奏楽班は、二〇〇三年（平成十五年）に初めて東海支部の代表校となり、全日本吹奏楽コンクール全国大会に出場した（銅賞）。これを皮切りに二〇〇六年（銀賞）、〇八年（銅賞）、一〇年（銀賞）と、これまでに四回全国大会に進出している。定演は二〇一四年で第四十二回を数えた。毎年行われるOB・OG定期演奏会では昇も指揮を執っている。

第二部　長野少年少女合唱団の発展

長野少年少女合唱団の発展

昇が長野高校の教諭を辞したのが一九八二年（昭和五十七年）。

そんななか、美智子が代表を務める長野少年少女合唱団は順調に発展していった。一九七六年（昭和五十一年）の発足以降、毎年一回の定期演奏会のほか、ウィーンの森少年合唱団長野公演への友情出演（同年）、コールアカデミー定期演奏会賛助出演、パリの木十字架少年合唱団長野公演友情出演（一九七七年）、ハンガリー少年少女合唱団長野公演友情出演（一九七九年）等々、他団体や海外との交流も積極的に行っていったが、ふだんの活動の中心は週一回二時間の練習である（当初は日曜日。のち土曜日）。本当に短い練習時間であり、しかも中学生や高校生は学校行事が重なり出席できないことも多く、指導者の苦労は並大抵のものではなかったが、難しい曲（例えば、二年間にわたる猛練習により第九回定期演奏会で全曲演奏を実現させた「キャロルの祭典」。古典英語の専門家を招いて発音も徹底的に練習した）にも意欲的に取り組んでいった。

長野少年少女合唱団の発足からまもなくして友人の誘いで入団したのが内山（現上村）まり子。中学一年のとき入団し、定期演奏会には第二回から参加した。運動も好きな子どもだったが中学時代のどこかの時点から音楽の道を志していたようだ。中学のときの作文では、私は将来、合唱団の先生になりたい。そして平日は夕方からピアノを教える。その夢のために音大に行きたい、という趣旨のことを書いていたという。音楽の道を志した背景に長野少年少女合唱団があったことは間違いあるまい。

そんなこともあって高校に合格したころから上松で個人レッスンを受けることになった。はじめから歌でいきたいと伝えていたので、まずは美智子から歌を、まもなく昇からピアノを教わるようになった。美智子からは発声の基本から教えられ、グループや一対一でのソルフェージュのレッスンもあったが、まり子にとって、このソルフェージュのレッスンはとても楽しく、高校時代、ソルフェージュと少年少女合唱団が自分にとっての一番の居場所だったと言う。レッスン前にソルフェージュの仲間とごませんべいを食べ、やがて部屋に入ってきた美智子に「何かおいしい匂いがするわね」と言われたことや、帰り道に友だちとおしゃべりしながら帰ったことなど、まり子にとって楽しい思い出なのである。

歌のレッスンでは美智子に言われたとおり一生懸命に取り組み、そうするとちゃんと声が出てくることに、楽しさを感じていた。

少年少女合唱団では第五回の定演でペルゴレージの「スターバト・マーテル」を歌い、ソロパートは合唱団の指導者が、美智子がソプラノ、副指揮者の吉川（現曲渕）泉がアルトで歌うのを目の当たりにし、自分もいつかはソロで歌いたいという思いをつのらせていた。叱られたりもしたけれど、合唱団の先生がたは憧れの存在であったという。のちに音大を卒業したあと、まり子は長野少年少女合唱団の指導者に加わり、ソロで歌う機会にも恵まれた。子どものころの夢を文字どおり実現させたわけだ。そのひとつ、一九八九年（平成元年）三月十九日に県民文化会館で演奏された「マタイ受難曲」（指揮：山本昇、オルガン：武井美智子、オーケストラ：東京バロックアンサンブル、合唱：長野バロックアンサンブル、長野少年少女合唱団）では、ピラトの妻を美智子が、詠唱をまり子がソロで歌った。

まり子と同じく第二回定演から参加したのは小口由里。その当時は学年によってジュニア、ミドル、シニアの三コースに分かれ、ジュニアとミドルは日曜日朝九時から、シニアは十時半からの練習だった。小学四年生で入団したときはミドルクラスだったが、そのときから由里は、日曜日の朝、家族より早く起き、一人でちゃんと食事をとるとバスに乗って練習に通った。少年少女合唱団はそれだけ魅力的な場所であった。由里は美智子の音楽がたまらなく好きだった。やがて、由里も音大に進学することになる。

まり子や由里のように、進路としての音楽の道を選択する子どももいたが、合唱団の大半の子どもたちはそうではない。むしろ、すべての子どもたちに門戸を開いているというのが、長野少年少女合唱団の特徴であり、それは今でも変わらない。

「昨今、何事においても、他の人より上に出ることが目標になってしまうことが多い中で、競争ではなく心を合わせ、声を合わせ、まわりの人達と手をつないで一つの音楽を創り上げるために合唱をするということは素晴らしい事だ」（第二回定演プログラムでの美智子あいさつ文より）

これが美智子の一貫したポリシーなのだ。声を合わせて歌うというなかで、ひとりよがりでない、豊かな心を育てるのだ。そして長野少年少女合唱団は、優劣を競うようなコンクールには一切出場しない。また、すべての子を受け入れ、オーディションもおこなわないのである。

「子どもを入団させたいのだけれど、うちの子ども、ちょっと変な声なんですけど」と心配そうに言う保護者にも「団に入れれば、あと一年で大丈夫よ」と優しく言う美智子は、慈母のように包容力にあふれていたと、長く後援会代表を務めた金子貞子は回想する。

合唱団では創立二年目より、毎年、夏休みを利用して一泊二日あるいは二泊三日で合宿を行なってきた。合宿では一生懸命練習するのはもちろんだが、それに加えてレクリエーションも織り込まれ、充実し、且つ楽しい時間となった。毎週の練習のとき以上に、大きい団員が小さい団員の面倒をみるし、学年を越えて仲良くなった。レーゲンスブルグ少年合唱団を視察して感激し、長野の地に少年少女合唱団を創立した美智子にとって、それは嬉しい光景であった。

合宿で美智子の思いがけぬ一面を発見したというのが初代コンサートマスターの朝野（佐藤）三希子。練習の合間にドッジボールをすることがあり、美智子をはじめとする指導者も各チームに分散してゲームに参加したのだが、スポーツが得意な朝野からみても、美智子のドッジボールはとても上手だった。敵味方に分かれたときに、機敏に球をよけたかと思うと、次には、美智子をアウトにしようと朝野の投げた球をみごとにキャッチ。そして、ビュンと素晴らしいスピードボールを投げて、朝野のチームメイトをアウトにした。朝野にとっては「思わぬ強敵あらわる！」という思いだった。

ある年の合宿では思わぬハプニングもあった。高原のペンションでの合宿で何か出し物を演じていたときのことだ。ミドルクラスの金子雅之が何かの拍子にバランスを崩して網戸に寄りかかったところ、網戸がはずれ、雅之は外に落ちてしまったのだ。すぐに美智子は雅之を車に乗せ、電灯もない真っ暗な中、急な下り坂の山道を運転して、雅之のかかりつけの外科医院へと向かった。免許を取り立ての美智子だったから、必死の運転だったはずだ。

診察が終わって無事が確認されるともう夜十時。医院から雅之の家までは近い。美智子が

「どうする、このまま家に帰る？」と尋ねると、雅之は「ううん、ぼく、先生と行く」と答え、二人はまた山へ登っていった。

団の定期演奏会におけるプログラムをみると、常に、日本人作曲家の合唱組曲、外国の大作曲家の大作、そして和洋の小品が数曲、といったバランスの良い構成になっているのがわかるが、特に大作曲家の曲を取り上げているのが少年少女合唱団としては特筆すべきところだろう。このことについて団の音楽顧問である昇は「大作曲家の音楽を原語で歌っても、子供たちにわかるはずがない、という意見もあるだろうが、実は子どもたちは大人とは違う所で外国語の音楽を理解する。直感的なひらめき、とでもいうのか言葉より先に音で理解する。言葉が分からないと歌えないという大人とはこの点で違っている」（第四回定演プログラムより）と指摘する。

合唱団がとりあげるのは一貫して、本物の音楽なのである。

定期演奏会では創立以来、湯山昭氏の作品が数多く歌われていた。たとえば第六回定演では、「あめふりくまのこ」「こわれたすいどう」「ラッパのこびと」小組曲「こどもの国」が歌われるなど、「叙情的で、きらきら輝く（美智子）」湯山氏の作品は毎年のように取り上げられていた。一九八一年（昭和五十六年）七月には飯綱高原ホテルアルカディア音楽堂において湯山氏の指揮と話を交えた湯山作品だけの演奏会「湯山昭の世界」を開催。湯山氏の指揮のもと子どもたちは貴重な経験を積んだ。

この年は東日本少年少女合唱連盟に加盟した年でもあった。翌八二年からは東京郵便貯金ホール（東京メルパルク・ホール）で開催される全日本少年少女合唱連盟合同演奏会に参加するようになり、全国から集まった大勢の仲間たちの前で歌い、彼らの演奏を聴き、一緒に歌った。八四年（昭和五十九年）には演奏会での上京にあわせ湯山氏の夫人である朝倉慶子氏が指導する「こどもの国合唱団」の演奏会に友情出演した。

八二年に初めて全日本少年少女合唱連盟合同演奏会に参加したとき、小学四年生の金子雅之は、他の合唱団の演奏に刺激を受け、感激もした。ペンライトを使った演出を初めて体験したのもこのときだった。合同演奏会へ泊りがけで出かけるときは、仲間と一緒に泊まれるという楽しさもあった。雅之たち男子四人が同じ部屋に泊まったとき、夜十一時すぎに、部屋の電気は消してテレビだけ小さい音でつけて、佐々木信也が司会する「プロ野球ニュース」をこっそり見た。外のドアが開く音がしたのでテレビを消すとあわてて四人は布団にもぐりこんだ。襖（ふすま）のあく音がして「明日あるんだから、ちゃんと寝なくちゃ駄目よ」美智子の声だった。怒っている声ではなかったが、起きていたのはお見通しのようだった。

合唱団の歴史がいよいよ十周年に近づこうとするなか、昇や指導者は、湯山氏に十周年記念委嘱作品を作曲してもらおうと企画し、これを湯山氏に相談したところ「書きましょう」と話がまとまった。

昇はこのとき、作詞は、昇と長野高校で同僚だった山本直哉に依頼しようと決めていた。その数年前に山本直哉が執筆した小説「葡萄色(ぶどういろ)の大地」は、第七回信州文学賞を受賞し、その年の信州出版界で最も注目された大作であった。昇は早くから山本直哉文学の高い芸術性に注目していたのである。

残念ながら、山本直哉の詩と湯山氏のイメージが違っていたのかもしれない。結局、湯山氏の作品につける詩は岸田衿子(きしだえりこ)氏のものとなった。しかし山本直哉の詩にどうしても曲をつけたかった昇は、自ら作曲し、第九回定期演奏会で披露した。少年少女のための合唱組曲「やまびこの歌」がそれである。「私はこだま」「花の里」「千曲の魚たち」「夕焼けの鐘」「希望の朝」の五曲から成り、その詩と曲は郷土への情感がこめられている。

一九八五年（昭和六十年）十一月三日、快晴のなか長野県県民文化会館中ホールで行われた創立十周年記念演奏会は、岸田衿子、湯山昭両氏を招き、委嘱作品である、信濃によせる合唱ファンタジー「風と木の歌」初演となった。

湯山氏の曲は、すぐれた合唱団、すぐれたピアニストでなければ演奏できない高レベルの作品に仕上がっていたが、練習に練習を積み重ねた小四以上の団員はみごとに歌い上げ、大きな拍手を浴びた。

作品自体と、この作品を演奏した長野少年少女合唱団への評価は高く、翌春にはカワイ出版から楽譜が全国一斉に販売され、さらに、ビクター音楽産業の企画による「日本児童合唱名曲選集」にとりあげられ、長野少年少女合唱団の歌声で、コンパクトディスクにレコーディングされることになったのである。

湯山氏との縁もあり、東京都杉並区に拠点を置くこどもの国合唱団の演奏会に友情出演し、また第十一回の定演には、今度は同合唱団が友情出演した。毎年の全日本少年少女合唱連盟合同演奏会への参加も含め、長野少年少女合唱団は他の合唱団との交流も活発に行なっていった。


創立十周年記念演奏会のプログラムで美智子のあいさつ文に次のくだりがある。

「創立当時小学一年生だった子供達も高校一年生になりました。十年の間歌い続けてきた子供達の中には、しっかりした根が育っています。そして、その根が新しく入団してくる小さな芽を育ててくれます。だから、特別音楽のよくわかる子供などほとんどいないのに、毎年、大人の考えられない力を発揮し、外国の古典曲を原語で歌い、組曲を心豊かに歌い、楽しい曲をその雰囲気で歌い、ハーモニーの輪を、内に、外に、広げていくのでしょう。育てられた芽が、いつの間にか育てる根になっているのです」

団は確かな手ごたえとともに発展し、卒団生からは団員父母とともに定期演奏会の際には率先してスタッフとして手伝う者も現れ、毎年毎年、園児や小学低学年などの新しい団員が加わり…、団は世代をこえてつながる大きな森へと成長していった。

合唱団の父母の会が発足したのは一九八三年（昭和五十八年）のこと。きっかけは長野県県民文化会館の竣工である。

少年少女合唱団はそれまで県勤労者福祉センター（第一回）、長野市民会館（第二回から第七回まで）を定期演奏会の会場としてきた。しかし新設された県民文化会館は設備その他の点でずっと優れている。ぜひ、この新しい会場で子どもたちに歌わせてあげたい。昇も美智子も強く思ったが、会場使用料はかなり高くなる。そこで協賛を募ることにし、そのためには体制づくりも必要となり父母の会発足となったのである。

父母の会代表に就任したのは二人の息子たちが団員として参加する金子貞子。長野市立高校時代、音楽教師である美智子に憧れてはいたものの、洋裁の道に進むという目標のために音楽系の部活に入らなかった金子だが、二人の息子たちは小さいころから山本音楽研究室に通わせ、また少年少女合唱団にも入れていた。ちなみに金子の夫祐三の長野商業高校時代の音楽の先生は昇。昇が長野高と長野商業を掛け持ちしていたのはたった二年間だけなのだから縁があったのだろう。

金子は何度も美智子と二人で、時には他の役員とともに、さまざまなところに行き、大勢の人と会い、協賛を依頼した。団員の住む場所によって四つの地域ブロックをつくり、その責任者となった人々も協賛を得るために尽力した。その結果、たくさんの個人・法人から協賛を得て、第八回定期演奏会は願いどおり長野県県民文化会館中ホールで実現できたのである。

金子は思い出す、あるとき美智子と二人で、協賛を得るために志賀高原に出かけたときのことを。無事、協賛が得られ、訪問先を辞すると、晴れ渡った空のもと美しい高原の風景が広がっている。美智子は言った。

「金子さん、今日は良かったわね。毎日、毎日、忙しくやっているんだし、こんなにいい場所に来ているんだから、今日は一日公休日だと思って、ゆっくりすごしましょうよ」二人は良い場所をさがすとそこに座り、手作りの弁当を食べながら談笑した。そして「金子さん。一緒に笹をとっていきましょうよ。家で笹寿司をつくりたいから」と美智子が言い、一緒におしゃべりしながら笹をとった。

金子は悩みを語った。それは、もっと大勢のお母さん方と一緒に活動したいが、働くお母さんが増え、難しいという現実だった。協賛をお願いする以上、相手にとって都合が良い平日の昼間に訪問しなくてはならない。すると活動できる父母は限られていた。「もっと皆と活動したいのに申し訳ない」と金子は吐露した。

美智子はうなずきながら聞いていた。金子の気持ちが痛いほどわかった。

美智子もいろいろなことを話した。厳しく育ててくれた父のこと。高校時代、「山久」が忙しいと従業員だけでは手が足りず、自転車の後ろに品物をつけて配達に行ったこと。ときには配達しているところを知り合いに見られ、「そのときは、恥ずかしいし、辛かった」こと。話は尽きなかった。

そして「金子さん。いま私がこうして好きな音楽ができるのは、お父さん（昇）のおかげでもあるし、母が私の代わりに、主婦業をやってくれているおかげでもあるの」と美智子は言った。

とはいえ、美智子の料理も上手である。

団の指導者たちが上松の山本宅にゆき打ち合わせをしたときなど、美智子の手作りの料理がならぶこともあったが、そこでは全国からとりよせた、さまざまな食材、健康に良いといわれる食材が使われていた。良いもの、本物を志向するというところは音楽に対する態度と通じるのだろうか。

のちに後援会が発足したときは自然の流れのなかで金子が後援会の代表となった。金子は、事務面のみならず、指導者と保護者などとのクッションのような役割も担っていった。

これまで協賛していた個人や法人の多くは、趣旨に賛同してそのまま後援会員となり、なかには、それ以来いまに至るまで、後援会員を続けている個人・法人もある。二〇一四年（平成二十六年）十月十五日現在、後援会の会員数は七十四人、代表は倉島富士子。長野少年少女合唱団はこうした多くの人々の善意によって支えられている。

昭和五十年代は全国的にアマチュアの合唱団が隆盛をきわめるようになってきており、お母さんコーラス、一般の合唱団、少年少女合唱団が各地で産声をあげていた。

長野県内にも遅ればせながら各地に少年少女合唱団が誕生してきていた。

古参では一九六九年（昭和四十四年）には早くも発足していた丸山勝氏率いるアルプス少年少女合唱隊（松本市）。

八〇年（同五十五年）には松代にかりがね児童合唱団、そして八七年（同六十二年）には昇を指導者に迎えて中野に晋平少年少女合唱団が発足し、両合唱団と長野少年少女合唱団は八八年（同六三年）に県民文化会館で開催されたウィーンの森少年合唱団演奏会に出演した。そんな縁もあって翌八九年（平成元年）の第十四回定期演奏会は両合唱団を招いて共演するなど、長野少年少女合唱団は歌でつなげる友情の輪を広げていった。

こんななか一九九〇年（平成二年）七月二十二日、長野県伊那文化会館の主催で第一回長野県少年少女合唱祭が開催され、長野少年少女合唱団を含む八つの合唱団が参加した。全合唱団による「気球に乗ってどこまでも」で開幕したあと、各合唱団が演奏し、最後に全体で「今日の日はさようなら」を歌うというプログラムであり、参加者たちは各合唱団の個性の違いなどを感じながら、いろいろな歌声を聴くことができ、歌の友だちの輪が広がる機会となった。一堂に会した各地の少年少女合唱団の指導者らを前に、伊那文化会館の酒井館長は「これからも続けて合唱祭をやっていくのなら、皆さんで連盟をつくったらどうですか」と提案した。

翌九一年（平成三年）も伊那文化会館は第二回長野県少年少女合唱祭を開催してくれたが、第一回目よりも照明、音響をはじめ本格的な演出となり、指導者たちや子どもたちを喜ばせた。

そうして、ついに長野県少年少女合唱連盟が発足した。長野県少年少女合唱祭は、翌九二年（平成四年）の上田を皮切りに、今後は連盟に加盟する少年少女合唱団が持ち回りで企画・運営を主管するという形で毎年開かれていくことになった。連盟の初代理事長にはこの合唱祭を創設した酒井氏が就任し、事務局長は美智子が務めることになった。長野少年少女合唱団は同連盟の創設から十六年間の長きにわたって事務局をつとめ、長野県の少年少女合唱団の発展に貢献した。松本歯科大学、ＦＭ長野、八十二文化財団、そして信濃毎日新聞などが、さまざまな形で連盟や合唱祭を支援してくれたが、その背景には、支援を得るための交渉に尽力する昇や美智子たちがいた。

少年少女合唱団の代表、常任指揮者として有名な美智子だが、もちろん第一線の声楽家である。

長年の恩師である三宅春恵とのジョイントリサイタルが開催されたのは一九八七年（昭和六十二年）九月二十三日。県民文化会館中ホールにて。

美智子にとってベストの演奏ともいえるコンサートとなったが、実は直前まで心配していたと語るのが服部秀子。あとから考えると当時美智子が服用していた血圧の薬がよくなかったのだろう、美智子はこのころ上手く声がだせないことに苦しんでいたのである。それが本番では素晴らしい声がでていて感動したと服部は回想する。また、服部は美智子とともに、本番に備えて三宅春恵の自宅に行ったのだが、このとき列車の隣の席で美智子がテープを繰り返し聴いて勉強している姿に、先生は寸暇を惜しまず勉強をしているんだと改めて気づかされ、自省したという。

この恩師とのジョイントでは、ヴァイオリンを純、チェンバロを昇、譜めくりを智佳子というかたちで、家族全員がステージにのぼった。

長野赤十字看護専門学校

さて前にも記したように美智子は、長野市立高校は三年間勤めて退職したが、市立高校講師就任と同じ年に就任した長野赤十字看護専門学校の音楽教師の方は、その後、五十年あまりにわたって勤めつづけた。

美智子は音楽の授業を担当するだけでなく、戴帽式のオルガン演奏や音楽会の開催などでも活躍した。

この音楽会は、かつて、たいへん大規模なものであった。もともとは看護専門学校音楽会なのだが、学生たちだけにとどまらず、まずは教務、続いて各病棟も参加しはじめ、やがて全病棟が参加して競い合うコンクール形式となったのである。

高校時代、昇がDJをつとめるFMラジオ番組を欠かさず聴いていた上野誠は、赤十字病院が若里に移転したとき司書として赴任してきた。上野は当時のことを振り返り、「十二月の第一土曜日に行われる音楽会に向けて、各病棟の練習への熱の入れようは半端でなかった。中には音楽会のために合宿までして練習に励む病棟もありました」と言う。なんと、課題曲と自由曲の二曲を歌ったというのだから、まさに本格的なコンクールと同じである。

教務が混声合唱をやろうというとき、男声パートの人数が少ないということで事務職の男子職員に声がかかった。高校のときに合唱部員だった上野も誘われて参加し、昼休みの練習のとき美智子の指導を受けた。上野はこのときのことを「マジックのようだった」と言う。

美智子が頭声発声の仕方など本格的な指導をすると、急に自分たちが上手くなっていくのである。お互いが顔を見あわせて、この驚きを目で伝え合った。上野は、これを何度も体験することができたという。「ゾクゾクッとする体験だった」

あのすごい先生が指導しているのなら、ぜひ長野少年少女合唱団の歌声を聴いてみたいと、誠は妻いづみや子どもたちを乗せて、一九九〇年（平成二年）七月に行われた第一回の長野県少年少女合唱祭を聴きに伊那文化会館まで車を走らせた。

その後、上野の子どもたち三人は、その夏に入団した長女を皮切りに、結局は全員が長野少年少女合唱団に入ることになった。

長野赤十字看護専門学校といえば、昇のことも書き落としてはならない。同校の校歌作曲者が昇なのである。作詞鈴木達思路、作曲山本昇「遥望（はるかにのぞむ）」が、それだ。

日英親善コンサート

長野少年少女合唱団の特徴の一つに、合唱団に専属の編曲者がいることが挙げられる。つまり昇である。

少年少女合唱団は一般の合唱団と違い、在籍期間が短い。男の子は変声をむかえると退団するのがふつうだったし、少女も園児のときに入っても高校卒業とともに卒団する。しかも、中三の子は受験のために休団することが多いし、中学入学と同時に学校の部活動が忙しくなり練習に欠席がちになる子も多い。つまり、毎年同じメンバーでないのである。年によって、年齢構成が違い、各パートの割合も違ってくる。そんななかで出来合いの編曲をつかって演奏をしようとしても上手くいかない。

昇は、その年の子どもたちの構成に応じて楽曲を編曲しなおし、その年の子どもたちの潜在能力が最大限発揮できるようにしてきたのである。作曲家であり編曲家でもある昇が音楽顧問であることの最大の強みの部分であろう。


さて、合唱団はその後も順調に活動を続けたが、そんな中、長野市は一九九八年（平成十年）の冬季オリンピック開催地として立候補し、一九九一年（同三年）六月十五日にイギリス・バーミンガムで行われた第九十七次ＩＯＣ総会で開催都市と決定された。

こうしてＮＡＧＡＮＯの名が世界に知れ渡り始めるなか、団にとって初めての海外公演が企画された。一九九四年（同六年）春にイギリスで「日英親善コンサート」を行おうというものである。

これに向けて準備は着々と進められた。前年の一九九三年（同五年）夏には、イギリスの交流相手の子どもたちへの手作りのお土産として、押し絵や貝細工、組み紐が団員の手によってつくられた。また、外国の人々に慣れることを目的にイタリアのベネツィアの学生三名と交流会を行い団員の家庭にホームステイしてもらった。コンサートのための練習には、団員に加え、旅行に参加する卒団生も大学や仕事のかたわら参加した。

こうして一九九四年（平成六年）三月、昇や美智子をはじめとする指導者や保護者、後援会員などの引率のもと、一行はイギリスへと旅立ち、ロンドンからバスで揺られること五時間、プリマス市で初めての海外演奏を実現させたのである。招いてくれた学校の講堂では口笛と歓声による歓迎をうけ、オブラディ・オブラダでは観客と一緒に繰り返し歌い、最初のコンサートは大盛況のうちに終わった。続いて一行は翌日、コーリントンの教会において、すし詰めの聴衆にヨーロッパの宗教曲、古典から現代曲、日本の曲と幅広いレパートリーを披露して聴衆の心をひきつけ、さらに地元小学校との合同演奏を行い、演奏後は地元小学校の子どもたちと交流し、手作りのおみやげをプレゼントした。翌日には地元の人気合唱団コーリントン・シンガーズと共演し、さらに次の日はエクセター市を訪れ大聖堂で大聴衆を前に、パイプオルガンでの伴奏で宗教曲を歌い――と、驚くほど密度の濃い日程であった。

演奏旅行は大成功であった。

「会場一杯の聴衆からの暖かい大きな拍手が耳に入った瞬間、歌えた喜びが胸にあふれ、感動しました」

「大聖堂の高い天井に上って広がる響きを、肌で感じることができ、…聴きに来てくださった方々から暖かい拍手をいただき、心に深く印象を受けました」（いずれも第十九回定期演奏会プログラムより）

など、参加者にとって大きな感動を得る演奏旅行となった。また、地元紙「イブニング　ヘラルド」や「ザ　コーニッシュ　タイムス」も、「音楽が日本との架け橋に」「日本の合唱団、コーリントンの人々を魅了」などの見出しで、NAGANOが一九九八年冬季オリンピックの開催地であるという情報も加え、好意をもって報じたのであった。

旅行参加者数、小学生十一名、中学生六名、高校生八名、大学生五名、大人十三名、合計四十三名。うち医師一名（卒団生）、看護師一名（後援会）。

帰りの飛行機が無事成田に着陸したとき、美智子はお経の本を抱いて「ああ、金子さん、良かった」と隣の金子貞子に言った。大勢の子どもたちを含む一行の責任者として、美智子は安堵の表情を見せていた。

日英親善コンサートから帰国すると、参加した卒団生は大学や仕事に戻り、高三生は卒団した。さらに例年のごとく高三、中三を迎える団員は受験のために休団し、中学生は部活動優先の生活に戻ったため、毎週練習する団員の数は渡英前の三分の一にまで激減した。

小学校時代は毎週参加していた団員が、中学以降は部活動や受験勉強でなかなか全員そろわないという悩みは、団創設以降かわることのない悩みなのである。

指導者群像

長野少年少女合唱団は、美智子をはじめとする数多くの優れたスタッフによって支えられてきた。美智子を含めた全員が、別に仕事を持ちながらの、いわゆるボランティアで指導を続けてきた。そんな指導者の幾人かを紹介してみたい。

初期の団の指導にあたった一人、曲渕（旧姓吉川）泉は、小学生のときピアノで昇に師事し、高校では声楽で美智子に師事した。大学時代に聴いた美智子のリサイタルでは「美智子先生は、やっぱり勉強されているな」と感銘を受けた。

美智子から初めて「長野に少年少女合唱団をつくって、やっているのよ」と言われたときは「あ、そうなんですか」と答えただけで、さして関心も湧かなかった曲渕だったが、大学を卒業したら長野に帰ることに決まると、思いもかけぬ展開になった。長野に帰る旨を美智子に伝えてからしばらくすると「卒業したら、少年少女を手伝ってちょうだい」と頼まれたのである。曲渕は了解し、大学四年のときの第二回長野少年少女合唱団定期演奏会では昇のピアノの譜めくりを務めた。こうして曲渕は卒業とともに長野少年少女合唱団の副指揮者になった。

一九七八年（昭和五十三年）のことである。

「少年少女のスタッフになって、すべての生活が合唱団を中心にまわっていった」と曲渕は振り返る。忙しい毎日だった。毎週の子どもたちへの指導だけではない。定演にむけて、受付の流れや、百人からいる団員の衣装を一人一人仕分けする仕組みなど、さまざまなシステムを再構築する必要が生じた。パンフレットも、同じ副指揮者の松橋名保美と共に担当した。これらを、あくまで別に仕事を持ちながらやるわけだ。

曲渕は、この年の七月におこなわれた長野市民合唱団コールアカデミーの第六回定期公演ではヴィヴァルディの「グロリア」で美智子ともどもソリストを務めた。

まだ若い曲渕だったが、父母たちにも受付の仕方や会場係のやり方とかをきちんと指導してくれたと、父母の会代表や後援会代表を歴任した金子貞子は当時をふりかえり感謝する。

曲渕は何年間か副指揮者を務めたが、やがて結婚を機に副指揮者を退き、その後は少年少女合唱団とは、曲渕いわく「付かず離れず」といった距離でかかわることになった。団では定演のあとの反省会のなかで、練習への精勤賞や定演への出場回数に応じた賞などの表彰をおこなうが、この担当は今も曲渕である。定演でソロを歌うこともある。

曲渕より少し前、一九七七年（昭和五十二年）の秋から合唱団のスタッフとなり、十四年強にわたり務めたのが幸地（こうち）（旧姓小山）恵子。ピアニストとしてのほか、裏方のさまざまな仕事を担当した。幸地がスタッフのときに団員の制服が現在のものになった。団員のお母さん方が集まって、カタログなどを参考に意見を出し合い、和気あいあいとした会議のなか、団員の意見をとりいれ制服の生地やデザインなどが決まっていった。団の制服は貸与制であり、卒団とともに団に返却し、それがまた別の団員に貸与されていく。多くの先輩から引き継がれた制服が、今も使われている。

幸地は今も合唱団の会計の仕事に携わり、裏方として団を支え続けている。美智子が長年指揮者を務めた女声合唱団コーロ・アニマートのピアニストでもある幸地は、「少年少女合唱団のスタッフに誘っていただかなかったら、ピアノで伴奏することの楽しさや難しさ、厳しさを知ることもできなかったし、こんなに多くの出会いに恵まれることはなかった」と感謝する。

美智子は音楽以外の運営面でも手を抜くことはなかった。たとえば毎年の後援会員への礼状ひとつにしても、毎年同じような文面といったありきたりのものでなく、その年に美智子が問題意識としてもっていることについて、考え抜いたうえで書かれた内容であり、それは常に、合唱団の設立目的と、後援会員への心からの感謝の気持ちで裏打ちされていた。

素晴らしいことだが、そんな美智子についていった元指導者の中には師を心より尊敬しつつも、「ハードルが常に高く、なかなかきついところもあった」と明かす者もいる。

周囲の人たちが精いっぱいについていかなければならない、何よりも少年少女合唱団を第一に考え、休みなく前進する美智子。その原動力は何だったのだろうか?仕事以外のほとんどの時間を仏教哲学の研究に捧げ、両眼ほぼ失明に至った父、寅男の生き方は、影響しているかもしれない。そんな夫を支え、山久を共に切り盛りし、夫の死後は美智子の音楽活動を支え、家事全般に手を抜かない姿を示してきた母きよの影響もあるかもしれない。音楽に関しては一切妥協のない夫、昇が美智子に提案するもののハードルの高さ、そしてそのハードルに挑戦していったためかもしれない。合唱団の活動目的は一貫して「歌を通して豊かな心を育て、その豊かさを社会に還元しよう」であるが、子どもという原石・原点のときにこそ豊かな心を育てることができるという信念を持つ、真の教育者なのかもしれない。そして、それらのいずれでもあるのかもしれない。

小三のときから昇に師事していた服部秀子は、高二の夏休みのころ、進路としての音楽の道を志した。池本純子先生が月に一回は長野に来ていたので小学生のときから池本先生のレッスンを受けていたが、音大に進むと決めた高二の夏からは上京して先生のレッスンを受けた。昇からはピアノのほか、ソルフェージュや楽典のレッスンも受け、ぶじ武蔵野音楽大学に合格した。

昇はレッスンのとき、バッハの曲が仕上がると服部のピアノにあわせてチェンバロを弾いてくれていたので、服部はチェンバロの音色に親しみ、憧れていた。そんなこともあって大学四年のときにはホラーク・井上道子に師事してチェンバロを学び、文化祭で演奏する機会にも恵まれた。

一九八〇年（昭和五十五年）に卒業するとすぐ、服部は長野に戻り、長野少年少女合唱団の伴奏者となった。

服部は小学生のときより、美智子からソルフェージュのグループレッスンを受けていた。このときの美智子は服部にとってやさしい先生という印象だったが、少年少女合唱団のスタッフとなって、初めて美智子の厳しさを知ることになった。

音楽に対する情熱、確固とした信念、妥協しない姿勢。

こんなこともあった。かなりあとの話になるが、一九九八年（平成十年）の長野オリンピックでは、文化プログラムのオペラ「信濃の国・善光寺物語」に長野少年少女合唱団の小四以上の団員も出演した。リハーサルで団員の声を聴いた演出側は、もっと大きな声が欲しいとリクエストした。少年少女合唱団の声は、空気をつんざくような声ではない。空気にふわっとのるでは演出側の求める声は困難だった。

声であり、透明に上へいく、遠くへ届く声である。小四以上の四十人の団員全員が出演できるのなら問題ないのだが、演出側からは二十人しか出演できないと通告されていた。二十人の声では演出側の求める声は困難だった。

大人の女声も入れましょうという演出側の提案を美智子は断固、拒否した。子どもたちの声だけで立派に担当パートを演じきるため、ステージ上では二十人の団員が歌い、陰では残りの二十人も歌うことを提案したのである。これは演出側の受け入れるところとなった。東京公演へは小四以上の四十名全員の交通費・宿泊費も出してもらえることになった。結果は、大成功であった。オペラの重要な場面で子どもたちの透明で美しい声が会場に響きわたり、素晴らしい感動を生み出したのである。

もう一つ大事なことがある。美智子は公演が長野と東京の二箇所でおこなわれることに着目していた。長野と東京で、ステージに立つ子どもをすっかり入れ替えたのである。これにより、全部の子どもたちがステージの上で演奏できた。

子どもの発声法に対する美智子の信念、子どもたちへの想い、オーディションはしないという原点。美智子は妥協しなかったのである。

服部にとって美智子との一番の思い出は毎回の練習だという。

また、音楽の話をしているときのいきいきとした表情、何歳になっても常に勉強し続ける姿、そして音楽とは直接関係ないところからも、美智子先生からは本当にさまざまなことを学んだと服部は話す。「先生は、コンサートや行事のときはもちろん、通常の練習のときも装いは常にきちんと気品高く、お洒落。これも無言で教えていただいたことの一つ」

長野少年少女合唱団にはさまざまなところから共演などの演奏依頼がある。国内外の合唱団や演奏家からだ。そのような依頼があったことを他の指導者に伝えるとき、美智子はとてもいきいきと話し、常に前向きに取り組もうとしていたと服部は言う。

服部は三十年以上にわたって団のピアニストを務めつづけ、二〇一四年（平成二十六年）八月より団の代表に就任している。

団の指導者を以下に記そう。長野の音楽文化への彼女たちの貢献ははかり知れない。（姓名は指導者当時のもの。括弧内の数字は第何回の定演で指導したかを示す）

丸野順子（第一回）
大和田早苗（第二回〜第四回）
清水（松橋）名保美（第二回〜第八回）
吉川泉（第三回〜第九回）

幸地（小山）恵子（第三回〜第十五回）
服部秀子（第五回〜現在）
鈴木玲子（第十回）
内山まり子（第十一回〜第十九回）
吉田啓子（第十二回〜第十九回）
小林千恵美（第十四回〜第三十四回）
小口由里（第二十回）
山田裕子（第二十回〜第二十一回）
畠山（山田）栄利子（第二十回〜第二十二回）
中村美穂（第二十一回〜第二十七回）
神澤玲子（第二十二回〜第二十四回）
北村（山本）智佳子（第二十五回〜現在）
黒岩かずみ（第二十九回〜第三十二回）
小井土愛美（第三十三回）
宮沢陽子（第三十四回〜現在）
山岸利香（第三十四回〜現在）

以上のメンバーのほか、アシスタント、運営スタッフなど、さまざまな立場で多くの人々が長野少年少女合唱団を支え、こんにちに至っている。

ツィーグラー先生との出会い。「ミサ長野」の誕生

時系列での語りに戻そう。

一九九四年（平成六年）の日英親善コンサートは小五以上の団員が参加したのだが、この前後から小学四年生以下の子供たちは「私たちも大きくなったら外国に演奏旅行に行ける」という夢を持つようになった。美智子はじめ指導者たちにも、これに応えたいという思いがあった。昇も、肌で感じ、その地の空気を吸収するだけで子どもは多くのことを身につけることができると、海外演奏旅行に大きな意義を認めていた。そして第二回旅行は第一回での反省点も十分に活かしたものにしたいと考えていた。

さて、そんなのなか、英国訪問翌年の一九九五年（平成七年）、合唱団は創立二十周年を迎え

た。美智子たちは、創立十周年のときの「風と木の歌」のように、創立二十周年を記念した作品を作曲家に委嘱したいと考えていた。子供たちに無伴奏の曲を与えたい、ミサ曲を与えたいと思っていた時期でもあり、冬季オリンピックが長野で開催されるなか言葉の異なる人と共に歌える曲をということも美智子は考えていた。

そんな思いを抱えながら、翌一九九六年（平成八年）一月、かねてから勉強したいと思っていたコダーイの音楽教育を勉強するため美智子はハンガリーに出かけた。一行は元ＮＨＫプロデューサーで音楽ジャーナリストの後藤田純生氏との縁でハンガリーの音楽・音楽教育に興味を持った人々であった。「みんなのうた」のプロデューサーであった後藤田氏はハンガリー・北欧音楽に興味を持ち、東京で講座を開設していた。美智子はこの講座に興味をもち参加していたのである。

後藤田氏率いる一行の目的地は、ブダペストからバスで五時間ほどのところにあるニレーザハーザーという町であった。そこではコダーイの音楽教育理論に基づく一貫した教育システムが実施されていた。幼稚園、小学校には最も音感がよく、教え方もうまい優秀な先生が配置されていた。そして、その教授法は美智子に大きな刺激を与えるものであり、実り多い研修旅行となった。

研修が終了してのハンガリーからの帰途、一行はウィーンに立ち寄り、美智子は、当時ドイツを中心に活躍していた長野少年少女合唱団ＯＧの金子みゆきと再会した。前々から、研修後にウィーンに立ち寄るので一日一緒にすごそうと約束していたのである。ウィーンに着いた夜、美智子は何気なく後藤田氏に「明日はウィーンでどう過ごされますか」と尋ねた。すると後藤田氏は、自身が日本での出版権をもっている作曲家ツィーグラー先生宅に、刷り上った楽譜を持って行くと答えた。「ツィーグラー教授ですって」美智子は内心驚いた。一九八七年（昭和六十二年）八月に長野県県民文化会館主催で「ウィーン国立歌劇場専属少年少女合唱団演奏会」が開かれ長野少年少女合唱団が共演していたが、このときの総監督がツィーグラー教授だったからだ。さっそく後藤田氏に頼み、その場でツィーグラー教授の楽譜を見た美智子は、「子供たちに私が与えたいと思っていた曲を書いてくださる人だ」と強く感じた。そこで思い切って後藤田氏に、作曲をツィーグラー教授に委嘱したい旨を話したところ、後藤田氏は「明日うかがったときに聞いてみます」と答えてくれたのだった。

さて翌日、美智子は金子や研修で知り合った仲間と共にウィーンを散策しはじめたが、そのうち急に金子が「後藤田先生への言い伝えを忘れていた」と声をあげた。急用のようだ。後藤田氏は楽譜店ドブリンガーに立ち寄ると言っていたような気がした美智子は金子を伴いドブリンガーに行くと、ちょうど後藤田氏は用を済ませ店を出るところだった。「ちょうどこれから、ツィーグラー先生のお宅を訪ねるところですよ。一緒に行きましょう。直接お願いするといいですよ」

美智子は「是非とも」と即答。こうして、ウィーンをのんびり一日散策の予定はがらりと変わり、後藤田氏と共に美智子と金子はタクシーに乗り込み、ウィーンにほど近いグンポルズキルヒェンにあるツィーグラー教授の自宅を訪ねたのである。ツィーグラー教授と娘のエリザベスさんは快くこの予定外の訪問者を歓迎してくれた。

ツィーグラー教授は英語を話せなかったので、ふだんなら英語の話せるエリザベスさんと後藤田さんが英語で会話をし、それをエリザベスさんがドイツ語にしてツィーグラー教授に話すところだ。しかし今日は、ドイツ語の流暢な金子がいる。美智子は英語で中継することなく金子をとおしてツィーグラー教授と話をすることができ、意思疎通がスムースにいった。

話をはじめるとすぐ、ツィーグラー教授は頼んだらやってくれそうだ、ということがわかってきた。美智子が単刀直入に「オリンピック開催に際し、ナガノの子供たちのために世界平和を祈るミサ曲を作ってくださいませんか」とお願いすると、教授は「いいですよ」と即答した。金額は四十五万円。話はとんとん拍子に進んだ。

用件を詰めたあと食堂で一緒に食事をとりながら、ツィーグラー教授は「もうキリエの旋律が浮かんできたよ」と楽しそうに話すのだった。

こうして思いがけず作曲者が決まったのである。そして三ヶ月後にはツィーグラー教授から楽譜「ミサ長野」が届いた。ツィーグラー教授からは「少年少女の声より厚みのある声で初演してほしい」というリクエストがあり、団員、卒団生、指導者全員が密度の濃い練習で仕上げ、同年十一月二十四日に県民文化会館中ホールで開かれた第二十一回定期演奏会で「ミサ長野」は世界初演されたのである。指揮は客演指揮として昇が執った。

オーストリア演奏旅行に向けて

ツィーグラー教授が創立したウィーン国立歌劇場専属少年少女合唱団（グンポルズキルヒナー・シュパッツェン）が翌一九九七年（平成九年）に来日公演し、「ミサ長野」の縁で長野を訪問した。長野少年少女合唱団は歓迎の交流会をひらき、団員宅にホームステイしてもらい、ふれあいを深めた。この演奏旅行に九十歳のツィーグラー教授は同行しなかったが、教授の娘さんであるエリザベス先生が指揮者として同行し美智子と再会した。昇や美智子の心のなかでは、合唱団の第二回目の海外演奏旅行の行き先の一つに、「ミサ長野」のうまれたグンポルズキルヒェンをという気持ちは既に固まりつつあった。

それにしても一九九七年（平成九年）は忙しい年であった。翌年二月の長野オリンピック関係では文化芸術プログラムの一環としてオペラ「信濃の国・善光寺物語」に小学四年以上の全団員がプロの大人たちにまじって出演する。そのための準備や練習。同じく翌年五月に行われる長野県少年少女合唱祭は長野少年少女合唱団が当番であり企画・運営を主管しなくてはならない。このため実行委員会をたちあげ、団員の父であり自らも合唱経験の豊富な上野誠を委員長として準備がすすめられていった。さらに海外演奏旅行の企画。これらが例年の行事のうえに加わっていたのである。ところが、このような忙しいさなかに思いもかけぬことがおこった。

一緒に暮らしていた美智子の母きよが倒れたのである。

入院、手術、退院。幸い自宅に戻ることができたが完治するには至らず、美智子たちは、米寿の母を自宅で看病していくことになった。

一九九八年（平成十年）二月におこなわれた長野オリンピックはたいへんな盛り上がりのうちに大成功をおさめ、続いて三月におこなわれた長野パラリンピックも連日満員の盛況となり感動が沸きあがった。

長野少年少女合唱団の小学四年生以上の団員「全員」も、一月に長野、三月に東京で公演された「信濃の国・善光寺物語」では、プロたちの中にまじって、みごとな演奏をみせ、オリンピック・パラリンピックムーブメントに貢献した。子供たちの演奏は新聞や音楽雑誌でも高い評価を得た。またパラリンピックでは、選手村で演奏会もおこなった。

　五月十日に県民文化会館で行われた長野県少年少女合唱祭に参加したのは出演順に、長野少年少女合唱団、晋平少年少女合唱団、飯山少年少女合唱団、すずらん少年少女合唱団、いな少年少女合唱団、上田市少年少女合唱団、飯田少年少女合唱団、ミューズ少年少女合唱団、大町市少年少女合唱団、信州国際音楽村児童合唱団の十団体。持ち回りの会場が長野ということで、企画・運営実務を主管した長野少年少女合唱団だったが、短い準備期間にもかかわらず上野誠をはじめとする実行委員会の努力の甲斐あって成功裡に終了した。大きなイベントがようやく一段落したわけである。本腰を入れて海外演奏旅行を企画していくため、この上野氏を企画委員長とする「第二回海外演奏旅行の企画委員会」がたちあげられた。顧問の昇と指導者、それに父母の会から上野誠、いづみ夫妻、小幡重雄、はるみ夫妻が加わり、企画委員会を構成した。合唱団の音楽顧問の昇は次のとおりの企画原案を提出した。

「委嘱作品『ミサ長野』の誕生の地グンポルズキルヒェンで、正式ミサの中で『ミサ長野』を演奏することを一番の目的とし、ツィーグラー教授の指揮で歌う。ツィーグラー教授の創設したグンポルズキルヒナー・シュパッツェンとコンサートをする。ウィーンが近いのでウィーンにある合唱団かメードリンクにある『ウィーンの森少年合唱団』あるいはアイゼンシュタットにある合唱団と交流する。ハンガリーのショプロンの学校でコダーイの音楽教育にふれ交流する。また楽友協会やウィーンの街で演奏する。バーデンの教会でアヴェ・ヴェルム・コルプスを歌う。ウィーンの街を自分の足で歩く」

盛りだくさんの企画案であった。若いときから、あらゆる音楽の企画を手がけてきた昇の企画は、常に妥協をゆるさぬ高いものであった。企画原案は企画委員会で承認された。

母きよの容態はかんばしくなく、美智子もなかなか演奏旅行の準備をすすめられなかった。そして翌一九九九年（平成十一年）一月、きよは亡くなった。盲目の夫寅男をたすけ山久をともに切り盛りし、夫の死後は孫である純、智佳子の世話を手伝い、この母のおかげで美智子はこころおきなく音楽活動を続けることができたのである。

六月、グンポルズキルヒェンのエリザベス先生から返事が届いた。それは二〇〇一年（平成十三年）春の長野少年少女合唱団の来訪を心より歓迎したいというもので、ミサでの演奏、コンサート、ホームステイ、そして市長による歓迎レセプションなど、細々としたことにまで行き届いた内容であった。また、グンポルズキルヒェン以外に関してはウィーンの音楽事情に精通したテス・カルチャーセンターに委託することにした。同社はウィーンでのこまごまとした手配をさっそく進め、全体の日程が明らかになってくるなかで、ハンガリーは日程的に難しいことがわかり、今回の旅行の目的地はオーストリア一国ということに決まった。

演奏旅行の準備が順調に進み始めたなか、二〇〇〇年（平成十二年）二月、ツィーグラー教授が亡くなった。旅行まであと一年であったが、再会はかなわぬ夢となった。「ミサ長野」の演奏は、ツィーグラー教授の追悼ミサのなかで行われることとなった。

旅行の準備はすすみ、合唱団の初代コンサートマスターでご主人の仕事の都合でウィーンに在住していた朝野（佐藤）三希子氏が、現地での合唱団のお世話を全面的に引き受けてくれることになった。夫の誠氏も、長野から送られてきた合唱団のCDを聴いて感激し、全面的に応援してくれることになった。二人はウィーンでのコンサートを、日本人会、墺日協会、大使館などあらゆるつてを使い宣伝し、さらに音楽関係者、ジャーナリストにも積極的に声をかけるなど、さながらウィーン在の企画委員会かのごとく活動した。

こうして様々な人々の協力により、オーストリア演奏旅行の準備は着々と進められていったのである。

思いがけぬ別れ

その日は突然にやってきた。

二〇〇〇年（平成十二年）六月六日、昇と美智子の長男純は突然、肺塞栓症におそわれ帝京大学附属病院に入院。十二時間におよぶ大手術の甲斐（かい）なく、八日午後三時二十五分、帰らぬ人となった。享年三十五歳。

スタジオミュージシャンとして、なにより「TOKYO Y'S CLUB」のメンバーとして、活躍の場を広げ、ますます期待されているときに、まさに突然のことであった。息子諒はまだ五歳。その諒を幼稚園に自転車で迎えに行く途中に病魔に襲われたのである。

ここで、改めて純の生涯を記したいと思う。

山本純は昇、美智子の長男として一九六四年（昭和三十九年）十二月十七日、長野赤十字病院で生まれた。幼少期から父母の演奏を間近に見、また外山滋（のちにレッスンを受けることになる）をはじめとするプロの演奏家がたびたび家を訪れる環境のなかで、音楽が自然に心と体に滲（し）みこんでいった。父のことは音楽の師として亡くなるまで尊敬し続けた。

幼時から美智子にソルフェージュのレッスンを受けたが、すでに絶対音感を身につけていた。十二歳からヴァイオリンを西田和弘氏に師事。また長野少年少女合唱団には創立時から参加。柳町中学では音楽専門部で弦楽合奏を始めヴァイオリンを担当した。長野高校では当初応援団にあこがれて入団するも二年生になると管弦楽班に入り、一九八二年（昭和五十七年）三月に行われた第二回管弦楽班定期演奏会ではコンマスとして、長野高校を退任する昇の指揮でベートーヴェン交響曲第五番「運命」などを演奏。二人で本格的な演奏を共にした最初の機会になった。三年後半になって突然、進路としての音楽の道を志望する。武蔵野音楽大学の金倉英男氏に師事し、先生のヴァイオリンを借りて受験し、みごと合格。

一九八三年（昭和五十八年）四月、武蔵野音楽大学音楽学部器楽学科に入学しヴァイオリンを専攻。同大学院に進学後はレイ・ハークス氏に師事し、またプロの仲間入りをしフリー・ランスの演奏活動を開始した。同大学院修士課程修了後の八九年（平成元年）、ステファン・グラッペリでジャズに目覚めていた純と佐々木雄一を中心に弦楽カルテットTOKYO Y'S CLUBを結成し、純はビオラを担当。ジャズ系スタンダードを中心に幅広いレパートリーで、以降毎年数回のライブを開催。最後のライブは亡くなる前月に行われた。

スタジオミュージシャンとしては、CD、テレビドラマ、CM、映画等の録音に携わったほか、さだまさし、中島みゆき、小沢健二、スピッツ、CHAGE&ASKAなどのコンサートツアーに参加。ジャズ界では佐藤允彦（まさひこ）氏、ケイコ・リー、ロン・カーター氏などと共演した。

音楽的にも人としても尊敬していたのは弦一徹（落合徹也）氏。一緒に仕事をしたときには「今が最高！」と昇と美智子に興奮した口調で話した。

死去の前年の一九九九年（平成十一年）十一月、TOKYO Y'S CLUBはファーストアルバムCD「東京ワイズクラブ」を日本クラウンレコードよりリリースしたが、このなかの「ビック・バック」と「スプリング・ハズ・カム」が純によるオリジナル。スイングジャーナル誌の同年十二月号は、この二曲のオリジナル曲で「このユニットのベストアプローチを実感させる成果を出している」と高く評価した。いま記したうちの「スプリング・ハズ・カム」については、のちほど、また触れることになる。

通夜は六月十一日、東京都練馬区「真宗会館」にて音楽葬。翌十二日に同所で葬儀（音楽葬）。二日間での弔問者は七百人強。多数の音楽家が訪れた。

長野での告別式は七月九日、権堂「明行寺」にて（音楽葬）。子どものころから純を知る人々、学生時代からの友人などが多数訪れるなか、悲しみをこらえる昇の横で、美智子は涙をとめることができなかった。

パーチェム・夢と祈りの旅

純の死後、美智子の心は止まったままになってしまい、演奏旅行の準備もできなくなってしまっていたが、二〇〇一年（平成十三年）一月、新しい年を迎え旅行まであとわずかの時期となり、悲しみを封印して準備を再開しはじめた。

出発にむけてオーストリアのエリザベス先生、朝野夫妻、そしてテス・カルチャーセンターや上野企画委員長などと、連日のようにやり取りが続いた。Eメール、FAX、電話と、その手段も多岐にわたり、時差の関係で深夜に連絡を取らざるを得ないこともしばしばだった。あまりの忙しさと思いもかけぬ業務が生じたことなどから、ふだんは温厚な上野企画委員長さえも、ときに声が険しくなった。美智子は美智子で、忙しさのあまり出発のわずか二日前に倒れてしまった。肝心かなめの美智子が行けなくなったら、と周囲は心配したが、幸い大事には至らず、二〇〇一年三月二十六日、美智子も無事、旅行の日を迎えることができた。今回の旅行には、ドイツ語能力を活かした長野オリンピック組織委員会への勤務を終え、しばらく前から合唱団の指導に加わっていた智佳子が同行する。昇が同行せず日本に留守役として留まるだけに、美智子にとって心強いことだった。

指導者五名、団員四十八名、家族十六名、後援会員四名、添乗員等三名の、合計七十六名という大所帯の一行は、昇や団員の保護者などに見送られ、旅行に参加しなかった団員への想いも胸に長野を発ち、現地時間の二十六日深夜にウィーンに到着し、今回の旅行に全面協力した長野県商工部デュッセルドルフ駐在員永原秀法氏らの出迎えを受けた。翌二十七日午前にはさっそくウィーン楽友協会大ホールでリハーサルをおこなったが、そのときのことを団のピアニスト服部秀子は「団員によるア・カペラのカノンが始まると、ホールの空気がそうっと動き始め、それが弧を描き絡み合い、この世のものとは思えない美しいハーモニーに満たされた」と回想する。美智子をはじめとする指導者も一人一人、ソロで歌い、あるいはピアノを独奏して、このホールの音色を楽しむことができた。午後には、団の子供たちは和服に着替え、国立歌劇場のまえで副指揮者小林千恵美の指揮により路上コンサートを実施した。団員たちはウィーンの街をまさに肌で感じることができた。

二十八日には音楽家の墓地やゆかりの場所をたずね、夕刻からは再びリハーサルを実施し、翌二十九日、ウィーン・コンツェルトハウスのシューベルトザールにてウィーン・アマデウス少年合唱団とのコンサートが行われた。コンサートは地元在の朝野夫妻の努力が実り、座席数三百人以上のホールは有料コンサートにもかかわらず、ほぼ満員となった。多くの人々が協力した。ウィーン音楽院でピアノを指導する小林京子氏は、朝野氏の呼びかけに全面的に賛同して、多くの教え子や知り合いをコンサートにさそい、地元ウィーンの人々に聞いてもらうという願いもかなえられた。そして、午後七時半の開演と同時に、観客席の後方から、ア・カペラで「とおりゃんせ」を歌いながら着物姿の合唱団員が登場してきた瞬間、ホールの人々の心はしっかりととらえられ、二時間にわたるジョイントコンサートは大成功となったのである。公演後、多くの人が長野少年少女合唱団を称賛し、合唱団のためにと寄附を申し出る人が相次いだ。

翌三十日はグンポルズキルヒェンへの移動途中バーデンに立ち寄り、一行は聖シュテファン教会でモーツァルト作曲「アヴェ・ヴェルム・コルプス」を歌った。「アヴェ・ヴェルム・コルプス」はこの教会で初演されたのである。このときのことを智佳子は、「モーツァルトが弾いたかもしれないオルガン。そのオルガンの澄んだ音色、歴史の重み、そして声の響きを体に受けたときの感覚。まるで天国に本当に歌声が届いて行くようでした。一度残った響きが消えたかと思うと、またこだましてくる。本当に歌声に応えて神様が降りてくるような錯覚に陥りました。そして、涙が止まりませんでした」と記している。

言葉では表現できないような音の中にいることができた幸せをかみしめ、一行は夕刻、ツィーグラー教授の過ごした、そして今、エリザベス先生やグンポルズキルヒナー・シュパッツェンの団員たちが住む、葡萄畑が美しいグンポルズキルヒェンの町に到着した。市長はさっそくワイナリーで一行の歓迎レセプションをひらき、両合唱団の子どもたちが出迎えの歌とお返しの歌を交換し、たちまち人々はひとつになった。朝野夫妻は合唱団のウィーン到着以降、ずっと行動をともにし、このグンポルズキルヒェンにも同行していた。このレセプションでもそうだが、朝野夫妻の語学力、交渉力によって美智子たちはずいぶん助けられた。レセプションが終わると、団員たちは二人ずつ二十二班に分かれ、ホームステイ先のファミリーと一緒にそれぞれの家に向かった。

翌三十一日は、グンポルズキルヒナー・シュパッツェンとのジョイントコンサート。市挙げて歓迎ムードのなか、町なかのいたるところにコンサートのポスターがはられ、エリザベス先生は自家用車にもポスターをはりつけコンサートをPRするほどであった。会場となった町の農業専門学校は開演の午後七時半前には大勢の地元の人々で満員となり、熱気あふれるなか、両合唱団は互いの歌声を次々と披露し、最後には両合唱団合同で、エリザベス先生指揮によりドイツ語でウェルナーの「野ばら」を歌った。長野の子供たちがこのコンサートで特に良かったと思ったのは、この「野ばら」と、長野が単独で歌った輪唱の「ほたるこい」。ほたるこいは実に美しい輪唱となり、地元の聴衆から、とりわけ大きな拍手が沸き起こったのである。

こうして四月一日、一行は、オーストリアでの最終日を迎えた。

朝九時前、指導者や団員たちは三々五々、ホテルやホームステイ先から教会に集まり最後の準備をすすめた。青空の晴れ渡った日曜の朝であった。ツィーグラー教授を追悼する特別ミサには二百人ほどの市民が参列した。団員の保護者や後援会員も地元市民と並んで座った。午前十時、パイプオルガンの前奏に続いてカンタードミノのユニゾンが響き、故ツィーグラー教授を追悼し、世界中の平和を祈るミサが始まった。団員たちは、ここが「ミサ長野」の生まれ故郷であり、その作曲者の追悼ミサであるということをよく理解していた。そのことを思いながら練習に練習を積みかさねてきた「ミサ長野」を、団員たちは心をこめて歌った。指導者として共に歌った中村（現植松）美穂はそのときのことを「何という響きでしょう。それは、まるで一人一人の歌声が一つの魂になったような美しい響きでした」と表現する。自然にあふれ出そうになる涙をこらえて、中村は歌い続けた。

やがて最後のコーダになると、合唱団の「パーチェム、パーチェム」に続いて、平和を意味する言葉が十ヶ国語で繰り返される。それを参列者が合唱団とともに歌う。「平和・平和・平和」「フリーデ・フリーデ・フリーデ」「パーチェ・パーチェ・パーチェ」…。

団員たちは、コーダのあいだ、涙を流し、あらためて平和を意識し祈りながら歌った。中村も、もう流れ出る涙を止められなかった。保護者や後援会員たちも、地元の人々と共に歌いながら、涙がとまらなかった。

そして美智子には、コーダの感動の渦のなかで、ツィーグラー教授の笑顔、母きよと息子純の笑顔がずっと見えていた。美智子にとっては、ツィーグラー教授と、きよと、純の、追悼ミサであった。

ミサが終わったあと美智子には、澄み切った青い空、黄色と白の教会、早春の花々が、まるで教会から出てくる人々を祝福しているかのように見えたのだった。

スプリング・ハズ・カム

素晴らしいオーストリア旅行が無事、成功のうちに終わった。

この旅行にただ一人男性団員として参加した、当時小学六年生の上野基は、今では教員となり市内の高校で国語を教えている。中学進学と同時に合唱団は卒団し音楽からは少し遠くなった基だが、いま学校で生徒たちに合唱団のオーストリア旅行について話すことがあるという。日本とは違う文化が世界にはある、それを肌で感じるためにはできるだけ早く海外に行った方がよいと生徒たちにすすめ、ウィーンやグンポルズキルヒェンでの体験を語るのだという。

基の姉麻衣子も団員として十三年間定演に出演し、このオーストリア演奏旅行やオペラ「信濃の国・善光寺物語」も含め団ではさまざまな体験をしてきた。同学年や一学年上の別の学校の何人かの団員たちとは特に親しくなり、卒団後もずっと交流を続けている。麻衣子の結婚披露宴で彼らは余興の歌で祝福してくれた。

合唱団に在籍したことが大きな財産となっている卒団生は、きっと何百人もいることだろう。

さてオーストリア演奏旅行の一方で、合唱団の音楽顧問である昇は、すでに先を見すえ、この年の秋の定期公演の準備を進めていた。その中心のひとつが、歌劇「ヘンゼルとグレーテル」を指導者や卒団生の力も得ながら上演しようという企画である。昇が構成・演出を担当し、主要な配役は魔女役を団員が務めるほかは指導者をはじめとする大人の音楽家が演じ、天使やお菓子の子どもたちを団員が演じる。そして保護者（父母の会）が大道具、小道具、衣装を担当する、というものだった。オーストリア旅行をきっかけに強くまとまった保護者たちは、昇の予想以上に熱心に裏方の仕事にとりくみ、親子で同じ経験を共有する貴重な舞台となった。

もう一つ、昇にとって大事なことがあった。

それは、純の死の前年にTOKYO Y'S CLUBがリリースしたアルバムCD「東京ワイズクラブ」に収録された純のオリジナル「スプリング・ハズ・カム」を、少年少女合唱団が歌えるように編曲して歌詞をつけ、この秋の定期演奏会で子供たちに歌ってもらおうということであった。

息子であると同時に、純は合唱団のOBであり、プロの演奏家・作曲家・アレンジャーであった。スプリング・ハズ・カムは専門誌でも評価された名曲であり、団OBの彼の曲を団員たちにぜひ歌ってもらいたい、と昇は思ったのである。

純の曲のコード進行には昇には理解しがたい箇所もあった。理解を深めるため、純が生前に愛読したD・リシグリアーノの「ポピュラー&ジャズハーモニー」（音楽之友社）を昇も精読し学んだ。こうして、たやすいものではなかったが、編曲作業はなんとか完成したのである。通常の合唱曲には無いリズムとコード進行であり、多少の振り付けと手拍子もつけたので団員にとってても易しい曲とはいえなかったが、この曲をすぐに好きになった団員が多かった。

秋の定期演奏会では開幕の第一ステージの四曲目に演奏され、県民文化会館中ホールを埋めた満員の聴衆の多くは、このメロディーを初めて聴くことになったのである。

昇は自分の息子の曲を定期演奏会で歌ってもらうわがままは二年間だけにしようと心のなかで思っていたが、名曲は名曲である。しかも団の先輩の曲ではないか、これからも団での演奏を続けるべきだという声が保護者のなかからあがり、昇と美智子は嬉しかった。

純の名曲は、こうして、合唱団で歌い継がれていくことになった。

新しい取り組み

合唱団の練習会場についても、少しく記しておこう。当初は西後町の塩沢ホールであったが、やがて同じ西後町の中央幼稚園の園舎二階へと移った。ときには、同じく西後町にある後町小学校を使うこともあった。

中央幼稚園も後町小学校も美智子の卒園・卒業した学び舎である。

中心市街地の人口減少のなか、まずは中央幼稚園が閉園となり、さらに後町小学校も閉校となってしまったが、幸い中央幼稚園は閉園後も建物はそのまま残り、現在に至るまで少年少女合唱団の練習会場として、毎週土曜日になると子どもたちの歌声が響いている。

さて、順風に発展してきたかにみえる長野少年少女合唱団だが、ひとつ、難しい問題と向き合い続けている。

それは団員数の減少である。

定期演奏会のプログラムに掲載されている団員名簿から、各定演時の団員数の推移を見てみよう。

創立記念演奏会	一九七六年	（昭和五一）	一三七名
五周年記念演奏会	八〇年	（昭和五五）	一一一名
創立一〇周年記念演奏会	八五年	（昭和六〇）	七〇名
創立一五周年記念演奏会	九〇年	（平成二）	五八名
創立二〇周年記念演奏会	九五年	（平成七）	七二名
創立二五周年記念演奏会	二〇〇〇年	（平成一二）	六三名
創立三〇周年記念演奏会	〇五年	（平成一七）	四〇名
創立三五周年記念定期演奏会	一〇年	（平成二二）	二五名
第三八回定期演奏会	一三年	（平成二五）	二四名
第三九回定期演奏会	一四年	（平成二六）	二七名

背景にはさまざまな要因が考えられる。少子化に加え、子どもたちのやることが多様化してきていることもあろう。

しかし、団員数が多ければ多いほど良いというわけではない。人数が少なくなったことによって、団員が学年をこえてお互いに名前と顔が一致し、仲良くなり、タテの人間関係が育まれている。これは明らかに長所といえるだろう。

とはいえ、もう少し団員数が増えると嬉しいところだ。

長野少年少女合唱団の活動目的は一貫している。「歌を通して豊かな子供達の心を育て、その豊かさを社会に還元する」である。このようにポリシーは一貫しているが、それと同時に合唱団は、新しい取り組みにも積極的である。

たとえば二〇〇四年（平成十六年）より、こども広場「じゃん・けん・ぽん」で毎月一回開催している交流ミニコンサートは、幼児たちに歌の楽しさを伝えるとともに、幼児とのふれあいによって合唱団の子どもたち自身の情操を育んできたといえよう。この取り組みによって、一緒に歌うことの楽しさを知る子どもたちが一人でも増えていけば、これは素晴らしいボランティア活動といえるだろう。

団員にならなくても、定演のときだけでも歌いたいという子どもたちに門戸をひろげ、歌の輪を広げる取り組みもしている。定期演奏会ごとに公募した子どもたちを「リトルシンガーズ」として、ステージで一緒に歌う機会を提供しているのだ。演奏後には団員との交流会をおこなっている。この取り組みも、もう十年ほどになる。リトルシンガーズ出身で団員になった子もいる。

毎月二回、リトミッククラスもスタートした。第三十六回の定演からはリトミックのコーナーも取り入れ、リトミッククラスの子どもたちが主役となり、会場の全員が一緒に参加して楽しめるような工夫もされている。

以前ならボーイソプラノが出せなくなった男子団員は卒団していたが、変声後の男子も引き続き団に残るようになった。団の音楽顧問である昇の力がこのようなときに発揮される。その年々の団員の顔ぶれにあわせて企画し、編曲してしまうからである。

このように長野少年少女合唱団は新しい取りくみを展開している。しかし時代の大きな流れのなかで、代表であり常任指揮者である美智子の苦労は並大抵なものではなかったろう。美智子はときに、長年後援会代表をつとめた金子貞子にこぼすことがあった。それはやはり、団員数が増えないことの悩みや、昔と今では子どもも保護者も違ってきていることからくる悩みだった。

金子は「世の中が変化してきていますよね。昔とくらべても今の人たちはついてこないですよ」といったことを率直に語った。高校時代は先生と生徒という関係であったが、父母の会代表として美智子と二人で協賛をとりに行くなどの積み重ねのなかで、金子は美智子にとってなくてはならない存在となっていた。美智子は金子には、教え子たちには見せないような弱いところも見せた。

美智子は、しばしば「難しいことに出会ったとき、必ずどなたかが助けてくださるのよね」とも金子に言った。いろいろな困難を乗り越えて合唱団は発展してきた。それは合唱団に関わった大勢の人々のおかげだという感謝の想いが、いつも美智子の心の中にあった。

山本先生と私

私（筆者）は、昇先生、美智子先生と、不思議と縁がある。長野高校在学時の昇先生との接点は音楽の授業だけだったが、所属した文芸班の顧問は山本直哉先生で、のちに長野少年少女合唱団のために「やまびこの歌」の作詞をされている、というのもその一例だ。

とはいえ、昇先生、美智子先生と親しくさせていただくようになったのは、二人の子どもたちが少年少女合唱団に入団してくれたおかげである。もちろん、これだけでは、ただの一保護者に留まっただろう。オーストリア演奏旅行に長女が参加したため、この機会にと私も保護者として同行させてもらったことで、少年少女合唱団への関わりは一挙に深まったのである。

第二十六回定演のプログラムに掲載された以下の文章は実は私のものである。

「グンポルズキルヒェンの教会。オーストリアに来てから一番晴れ渡った青い空のもと、ぶどう畑を背景とした美しいその教会の中で、ミサが進むにつれて止まることなく流れ落ちてゆく涙。人前で泣くのは何年ぶりであろう。すばらしかったオーストリア演奏旅行を締めくくる教会の礼拝での長野少年少女合唱団の合唱。グンポルズキルヒェンの敬虔なキリスト教徒が異国人である私と握手し、十か国語で歌われる『平和』を共に歌い、祈ってくれる。聖体拝領の間に歌われた『通りゃんせ』が不思議とミサと調和し、感動はより深まる。ミサの終わりを告げるパイプオルガンの荘厳な演奏。大勢の皆さんと共有できたこの感動。生涯の中でも稀にしか得られないような純粋感動の八日間。心から感謝します」

そして私はオーストリアで決意したのである。このような感動の機会を与えてくれた長野少年少女合唱団を、いずれ子どもたちが卒団してもいつまでも支援しようと。

本書のような本を書こうとひらめいたのは、三十周年記念定期演奏会のときだった。定期演奏会には初代コンサートマスター朝野（佐藤）三希子氏をはじめ多くのＯＧ・ＯＢが舞台にあがった。閉幕後、ステージではOG・OBと現役の団員の間で交流会が行われ、その中心にいる昇先生、美智子先生を見たとき、この三十年間の歴史を記録に残さなくては、それだけでない、この偉大な二人の音楽家の足跡全体を、ぜひとも記録として残さなくては、という思いがひらめき、私は観客席にすわり、ひとり興奮していた。

その後、昇先生・美智子先生をたずね、そのような文章を書くことを承諾していただき、先生宅に何度も足を運んではインタビューしていったのだが、まだまだ現役でずっとやりたいのだから出版はずっと先の話にしてくれと両先生から釘をさされたこともあり、あるていどまで執筆したあと寝かせていたのが、本書のもととなった原稿なのである。

少年少女合唱団のお手伝いのほか、私は何度もお二人の演奏を聴きに行っている。

そのひとつ二〇〇七年（平成十九年）三月末に長野県県民文化会館中ホールで開催された長野高校吹奏楽班OB第三十八回定期演奏会では、昇先生はOBによるステージでG・ビゼーの「カルメン」より第一幕への前奏曲を、またOBと現役生のジョイントステージでF・レハールの喜歌劇「メリー・ウィドウ」セレクションの指揮を執った。先生の指揮は若々しく、なにより同窓生たちと昇先生との間には全き信頼関係があることが、私にもすぐわかった。心が一つになった名演であった。

二〇一〇年（平成二十二年）七月十一日に長野市若里市民文化ホールで開催された女声合唱団コーロ・アニマートのコンサートも印象深い。コーロ・アニマートは一九七〇年代後半の創立後まもなくから美智子先生が指揮を執ってきた、高水準の演奏を披露できる女声合唱団である。この日のコンサートではフォーレの「レクイエム」が歌われたのだが、オーケストラ部分を昇先生がピアノで受け持ったのである。美智子先生が指揮し、昇先生がピアノを担当する。初期の長野少年少女合唱団では、よくあったことだが、私にとっては初めて見る光景だった。

美智子先生はクラシックを聴くだけではない。歌謡曲の歌手では美空ひばりが好きでＮＨＫの歌謡番組もよく見ていたそうだが、コーロ・アニマートの演奏会では「川の流れのように」や「愛燦燦」も昇先生の編曲で歌われたことがある。

そして二〇一四年（平成二十六年）三月九日の「東日本大震災・長野県北部地震追悼復興支援コンサート」では、コソボ・フィルハーモニー交響楽団首席指揮者の柳澤寿男（やなぎさわとしお）氏指揮のもと、長野少年少女合唱団がオープニングでモーツァルト「アヴェ・ヴェルム・コルプス」を歌った。オーケストラと溶け合う美しい歌声だったが、ここまでになるには、何か月もの、美智子先生をはじめとする指導者、そして子どもたちの努力があったはずだ。続いて美智子先生の指揮により合唱団単独で「夕焼け小焼け」「ふるさと」が歌われ、県民文化会館大ホールを埋めた満員の大きな拍手を受けた。美智子先生は後日、団の後援会員に向けた手紙のなかで、柳澤氏から「すばらしく澄んだきれいな声」と少年少女合唱団へのお褒め（ほ）の言葉を戴いたと記している。当日のメーンであるモーツァルト「レクイエム」全曲は、公募された実に大勢の人々により合唱されたのだが、そのなかには美智子先生をはじめとする合唱団の指導者やゆかりの人々、そして多くの団員がいた。

これが、私が美智子先生のステージをみる最後となった。

美智子先生にはＰＴＡ関係でもお世話になった。閉校となった長野市立後町小学校は美智子先生が三年間在籍し、卒業した母校であるわけだが、私の子どもたちもこの学校に通い、私は二〇〇六年（平成十八年）、同校のＰＴＡ会長を務めた。たまたまこの年は、毎年開催されている長野市西部ブロックＰＴＡ研修会の会場校が後町であった。そこで私は美智子先生に、先生の指導のもと地元県町出身である草川信の作品を研修会出席者全員で歌い、地域出身の偉人のことを保護者の皆さんにも知っていってもらいたいという企画をお話し、先生に当日のご指導をお願いした。草川作品の未発表曲の発掘、初演など、美智子先生が草川に造詣が深いことを知っていたこともあった。美智子先生はこの企画を快く引き受けてくださり、当日体育館に集まった百人近くの参加者に、発声の仕方から始まり何曲かの草川作品の斉唱に至るまで指導してくださった。参加者から笑顔の絶えない楽しいひとときになったことを忘れられない。

このあと校長室でお茶を一服となったのだが、当日出席していた長野市ＰＴＡ連合会の役員さんが美智子先生に「娘がいつもお世話になっています」というので、私がおやという表情を浮かべると、「うちの娘は美智子先生に歌を教わっているんですよ」ということであった。ちなみにこの娘さんは、のちに宝塚音楽学校に合格、進学された。さらに当時新田町区長だった水庫正巳さんが、飛び入りでお茶会に加わった。「ＰＴＡが地域に配布したチラシに美智子先生の名前があったので、懐かしくなって来た」との由。水庫さんは信濃毎日新聞で活躍された方で、信毎時代、創設されたばかりの長野少年少女合唱団を積極的に支援されていたのだ。美智子先生とは久しぶりの再会とのことであった。

そういえば育成会で草川信の生家跡を訪ね、その場所で草川信作品を歌うという行事をおこなったときも美智子先生にお越しいただいたのだが、このときも団創設時の団員である神津（現川島）晶子さんとの再会という場面があった。要は、美智子先生に指導を受けた人や、かかわりのあった人が、いかに多いかということなのだろう。育成会から寸志を差し上げようとすると「私も草川信さんの生家跡の場所は初めて知って勉強になったし、こういうものは、もっと子どもたちのためになる他のことに使ってください」と決して受け取らなかったことも、昨日のことのように鮮明な記憶である。

美智子先生の母校後町小学校は、中心市街地の空洞化に伴う児童減少により、二〇〇六年

（平成十八年）十二月五日の教育委員会定例会で、二〇一三年（同二十五年）三月末をもっての閉校が決まった。美智子先生は当時合唱団の副指揮者の小林千恵美先生と共に後町小学校を訪れ、閉校までのあいだ子どもたちのためにできるだけの支援をすると校長に約束してくださった。私はＰＴＡ会長として同席していたが、とても嬉しかったことを覚えている。

その後、先生の指揮するシニアアクティブルームが、閉校まで毎年音楽会にゲスト出演してくれるようになり、二〇一二年（平成二十四年）学校最後の音楽会では、美智子先生の指揮で会場全員が「ふるさと」を歌った。

病

二〇一二年（平成二十四年）十一月二十五日におこなわれた長野少年少女合唱団第三十七回定期演奏会のプログラムには、代表である美智子のあいさつ文に次のくだりがある。

「私は今年、病のため三か月ほど合唱団を休みました。その時、ＣＤや本を少し持って入院しました。病状が少し恢復し始めた頃からＣＤを聴き、本を読みました。手術後の衰えた心と体には、音も声もシンプルな音楽が抵抗なく受け入れられ、また本はその物の原点が書かれているものが無条件に合いました。今、目に見えること、耳に聴こえてくる音・言葉等が原点から離れ、枝葉を広げ過ぎているように思います。枝葉の先で『あぁでもない』『こうでもない』と言っているような気がします。子供達はある意味で、人間の原点です。音楽も心根の原点の一つです」

美智子の病は、多くの関係者を動揺させた。すい臓の手術を受けたということ、すい臓は十年ほど前のドックで異常が見つかって以来、経過観察をしていた、ということまではわかったが、具体的にどんな病気なのか、あえて聞くこともできない。ほとんどの人が何の病気かは知らなかったが、完治してくれることを祈った。

そして、このあいさつ文からは、美智子の一貫した哲学をも感じとることができる。

第三十七回の定演では当初のプログラムとは異なり、美智子の指揮となっている何曲かを昇が指揮した。

悪いことは続くもので、その昇が定演翌日の検査入院で、至急手術の必要がある状態と判明した。十年来の持病の心臓が悪化していたのである。医者は前日にタクトを振っていたことを知ると、立っていられただけでも奇跡的なのにと驚いた。

美智子、昇と続けて病におそわれたが、美智子は順調に回復しているように見えたので、むしろ術後の昇の体調を心配した人も多かったのではないか。実際、翌二〇一三年（平成二十五年）十一月二十四日に開催された第三十八回の定期演奏会ではメーンの指揮者として完全復帰し、いつもと変わらぬ美智子のように見えた。会場である長野市若里市民文化ホールは立ち見の客も出るほどの、例年以上の盛況であった。

プログラムだが、オープニングの第一ステージでは合唱団員と公募されたリトルシンガーズの子どもたちが歌い、第二ステージでは歌劇「夕鶴」と日本古来のわらべ歌の何曲かが歌われた。前年にも上村まり子とともにソリストとしてステージに上がった、卒団生で指導者の経験もある小口由里が、この年もソプラノのソリストをつとめた。ここまでは北村智佳子が指揮をとった。

第二ステージの後半からは美智子の指揮となった。

指揮台に立ち合唱団に向かって、ほほを上げる仕草をしてみせたあと、美智子の手が動き出す。

美智子は、目を含む顔の表情と、何かを抱えるような両腕からつくりだす曲線を主とした指先までの手の動きで、合唱団を導いていく。

合唱団の創立十周年記念委嘱作品である「風と木の歌」より二曲が、第三ステージでは大作曲家の名曲として、フォーレ、サン＝サーンス、バード、モーツァルトの四人のアヴェ・ヴェルム・コルプスが歌われた。翌年三月の「東日本大震災・長野県北部地震追悼復興支援コンサート」でモーツァルトのアヴェ・ヴェルム・コルプスを歌うことは既に決まっていたので、それも踏まえての演奏であった。

フォーレとサン＝サーンスのアヴェ・ヴェルム・コルプスは、団員が少数の卒団生の力だけを借りて二部合唱で歌った。少年少女の声だけで歌えるならそれが一番だ。卒団生はみごとに子どもたちの声を引き出してくれ、少年少女合唱団らしい二曲となった。

続くバードのアヴェ・ヴェルム・コルプスは難曲だ。この曲は混声四部合唱であり、長野スコラーズの女声と男声が入る。本来は無伴奏だが、この日は、男声の人数の少なさを補うためにシンセサイザーでオルガンの音を入れ演奏された。長野少年少女合唱団の声は、空気をつんざくような声ではない。空気にふわっとのる声であり、透明に上へいく、遠くへ届く声だ。大人たちの声も空気をつんざくようなものであってはならない。少ない人数のパートが無理に大きい声を出してはならない。それは器楽なりで補えば良い。美智子は一貫している。

ただでさえ難曲であるうえに、美智子はプロによる演奏以上に遅いテンポで指揮した。合唱団員にとってはたいへんな挑戦になったと思うが、モーツァルトのものと比べると必ずしも有名ではないこの名曲を歌ったこと、しかも美智子の解釈で歌ったことは、おそらく大きな財産となることだろう。

最後の第四部ではさまざまな名曲が歌われた。うち一曲では曲渕泉がソロをつとめた。あいまにはリトミック遊びのコーナーもあり、会場を盛り上げた。

いくつかの難曲などで、公募されたメンバーが長野スコラーズの名称で加わるというスタイルは、ここ数年来のものだった。メンバーには曲渕泉、上村まり子、小林千恵美、小口由里、植松美穂らの元指導者や卒団生、コーロ・アニマートの北野順子らをはじめ、美智子を昔から知る人が大勢参加していた。美智子は全国の少年少女合唱団をみてくるなかで、このように、子どもたちだけでなく、皆でそれを支えるというスタイルでいいのだと確信を持てるようになっていた。

美智子にとって、この演奏会には嬉しいことがあった。智佳子の子、祥恵が前年より入団しており、娘と孫と三代いっしょに演奏できたことだ。

初代副指揮者の丸野順子は二〇〇九年（平成二十一年）の夏に美智子を訪ねたとき、次のような話を聞いたと記している。

生まれて間もなくの孫を抱きながら子守唄を歌ってあげると、まだ三か月というのに、顔に笑みを浮かべ嬉しそうに応えるようになった。ところが、お腹にいるときから流れていた「ドレミの歌」には、まるで以前から知っていたように、子守唄の時とはまた違う反応をみせる。子どもは生まれたときから、いや生まれる前から音楽を感じるという成長が始まっている（「ふきのとう」第四五号より）

三代で同じ曲を演奏できた喜びはいかばかりだったろう。

演奏会は盛況のうちに終わった。美智子の指揮は健在だった。

しかし美智子の健康状態は完全に回復していたわけではなかった。病は襲い続けていた。

翌二〇一四年（平成二十六年）三月の「東日本大震災・長野県北部地震追悼復興支援コンサート」でも、みごとなステージをみせた美智子であったが、四月の中旬から息に苦しさを覚えるようになり体調が悪化した。

しかし美智子は病と闘いながら、音楽への情熱をいささかも失っていなかったのである。酸素吸入器をつけて七月の演奏会にむけて女声合唱団コーロ・アニマートの指導を続け、七月二十七日、日曜日、ホクト文化ホール（県民文化会館）小ホールにて開催されたコーロ・アニマート第八回演奏会では酸素吸入器をつけたまま指揮を執った。

ヘンデルのメサイア第一部「予言・降誕」より六曲が歌われたステージでは、昇がピアノ、智佳子がシンセサイザーで伴奏した。

このときソプラノソロを務めた、市立高校いらいの教え子、北野順子は、指揮をしながら美智子が片手でＯＫのサインを出すのを見て感無量だった。なかなか上手く歌えず、美智子からは何度も一対一でのレッスンを受けて臨んだ舞台だった。病をおして指導してくれた美智子先生。北野は感謝の気持ちで一杯だった。

いつ倒れてもサポートできるようにと皆も覚悟を決めてのステージだったが、美智子はみごとにすべての指揮をやり切った。

翌々日の反省会は西之門のレストラン「さくら」で行われ、そのときは次の演奏会の曲目まで話題にする美智子であったが、このコーロ・アニマートの演奏会が最期(さいご)のステージとなった。

別れ

二〇一四年（平成二十六年）八月、私のもとに葉書がきた。美智子先生からであった。そこには、体調を崩し入院治療をしていたが、いまは退院し自宅にて療養しているということが印刷されていた。私は三月の「東日本大震災・長野県北部地震追悼復興支援コンサート」のあと美智子先生や昇先生とコンタクトをとっていなかったが、人づてに美智子先生が体調を崩されているとは聞いていた。だからこの印刷された文面だけだったら、それほど驚かなかったかもしれない。しかし加えて自筆で「合唱団の代表もかわりました」と書いてあるのをみたとき、信じがたい思いであった。あれだけ苦労されて合唱団を育て上げてきた美智子先生だ。いずれは代替わりがあろうが、ずっと先のことだと思っていたのに、こんなに早く来るとは。私が思っていたよりずっとお悪いのだろう。いままでの先生にはない、やっと書いたというような字で書かれていたことからも、それがうかがえた。

具合が悪いのにお見舞いはかえって迷惑かと一瞬思ったが、加えて自筆で、合唱団のいままでのことをまとめてくださいとも記されていたので、先生のお宅に電話してみた。昇先生から、訪問看護などのスケジュールもあるので二十四日の午後二時にきてほしいと伝えられた。

約束どおりに訪問すると、美智子先生は痩せられ、とてもお疲れの様子だった。美智子先生のお世話をする昇先生にも疲れの色が浮かんでいた。あまり長居すべきではないと判断し、葉書に書かれていたことを単刀直入にうかがうと、美智子先生は、「私のことというより合唱団のことをまとめて本にしてください。そして、それを図書館に置いてください」とおっしゃるのだった。こんなに具合が悪くなられるのだったら、もう少し早く進めておくのだったと後悔しながらも、私は「わかりました。必ず本にします。すこし時間はかかるかもしれませんが、できるだけ早く本にします」と約束した。ベッドの上でこちらを見送る美智子先生に最後に一礼し、先生のお宅を辞去した。これが私にとっての、生前の美智子先生を見た最後だった。

自分のことよりも少年少女合唱団のことを書いてほしいというのが美智子先生らしかった。しかし、半生記を書くこと自体はすでに了承を得ている。それに美智子先生という人物像ぬきで少年少女合唱団のことなど書けない。美智子先生の意思を尊重し、これまでの構想を見直すことにした。二部構成とし、第二部では長野少年少女合唱団にスポットをあて、団に関する資料も巻末に充実させるという構想はすぐにまとまった。大勢の人々へのインタビューを開始する段取りも組み始めた。

それから八日後の九月一日の夕刻、その電話は来た。合唱団の卒団生で元指導者でもある小口由里さんからだった。「鈴木さん、美智子先生のこと、ご存知かもしれないけど」

それだけで何がおこったのかを知るには十分だった。その瞬間、自分のなかから力が抜け落ちていくのが分かった。

小口さんから、あと一時間もしないうちに愛和病院でお別れの会が開かれると聞いて、強い雨のなか、すぐに車を走らせた。愛和病院には、服部秀子先生、曲渕泉先生、上村まり子先生、小林千恵美先生、金子貞子さん、小口さん…、悲しくて、冷静でもなかったので皆は思い出せないが、三十名くらいの人々が来ていただろうか。昇先生や智佳子先生、家族の皆さんのいるなか、美智子先生は病室のベッドに横たわっていた。かけつけた一人一人が、ベッドの横に行き、美智子先生のお顔にむかって、悲しみのなか、何かを語りかけるようにお別れをする。まもなくお別れの会の時間となり、病院の礼拝堂に美智子先生の眠るベッドが運ばれた。先生のお顔は安らかだった。たった八日前に訪れたときには苦しそうなご様子だったが、その苦しみから解放された表情が救いだった。

キリスト教の愛和病院なので、礼拝堂でのお別れの会では讃美歌が歌われた。ほとんどの列席者が美智子先生に歌を指導されてきた人だから、その讃美歌は悲しくも美しい歌声だった。外には強い雨が、弱まることなく降り続いていた。

通夜と出棺には仕事の都合で行けなかった。お聞きしたところでは、九月三日に行われた通夜では先生の教えを受けた人々が何曲かの歌を美智子先生に捧げ、そのうちの一曲、モーツァルトのアヴェ・ヴェルム・コルプスは出棺のときも歌われたという。霊柩車は美智子先生の生まれた南県町、高校生活をすごした長野西高等学校を経由した。

信濃毎日新聞は社会面で美智子先生の逝去を報じた。

九月四日午後に想樹の杜でおこなわれた葬儀は、駐車場がすべて満車になり、交通渋滞がおこるほどの大勢の弔問客が訪れていた。お焼香を済ませて昇先生や智佳子先生に「美智子先生との最後の約束は必ず果たします」と伝えると、昇先生はうなずかれ、智佳子先生は「合唱団のこともよろしくお願いします」とおっしゃった。

焼香後、ロビーに置かれていたアルバムを一枚一枚めくる。新婚のころだろうか昇先生と出かけたときの写真、ソロで歌う写真、少年少女合唱団で指揮する写真…。万感胸に迫る思いでページをめくった。

長野から離れて活躍する卒団生からも多くの弔電が届いたというが、そのひとつには、「大きな心の支えでした　一人の母を亡くした思いです」という一節があった。一人の母を亡くした思いという言葉に、はかりしれない重みを感じる。

当日配られた昇先生からの「お礼の言葉」は帰宅後に読んだ。以下のとおり書かれていた。

「素晴らしい人生を讃えて…」

いつの時も音楽と共に暮らしてきた妻でした。声楽家として、様々な場面で その力を発揮してきた幾歳月。自身のたゆまぬ努力にくわえ、皆様との素晴らしいご縁に支えられ、彩り豊かな生涯であったと思います。老若男女問わず、歌をとおして多くの方々と感動を分かち合い 心に潤いを与えてきた日々。四十年前に妻が創立した『長野少年少女合唱団』や、教え子たちの活躍を見れば 輝かしい足跡に家族ながら頭が下がります。

病を患ってからも持ち前の明るさと前向きさで、懸命に治療に励んでおりました。置かれた状況で力を尽くし、逃げずに闘い抜いた妻の姿に、どれだけ勇気をもらったか知れません。別れは惜しまれますが、最期まで自分らしく命を輝かせた妻へ慕る感謝とねぎらいの気持ちを捧げます。

向かう先での安らかな時を願って…。

先生が逝ったあと本書の執筆のために訪ねた、先生と関係の深い何人もの方々のどなたからも、大きな喪失感が伝わってきた。

山本美智子。

一九三九年（昭和十四年）二月十日、長野市に生まれる。

新潟大学特設課程音楽科卒業。

声楽を桜井誉人、宝井真一、三宅春恵氏に師事。発声法を木下武久氏に師事。

声楽家としてリサイタル三回、恩師である三宅春恵氏とのジョイントリサイタルをひらく。

マタイ受難曲、メサイア等、数多くソリストとして出演。

草川信未発表作品「峠路」日本初演。

山本音楽研究室にて声楽を主宰し、門下生から数多くの声楽家や教育者などを輩出。

一九七六年（昭和五十一年）長野少年少女合唱団創設。常任指揮者。定期演奏会三十八回のほか、国内外の合唱団とのジョイントコンサートなど多数。海外演奏旅行を二回。委嘱作品二曲。

長野県少年少女合唱連盟事務局長も長きにわたり務める。

長野赤十字看護専門学校、長野県カルチャーセンター、長野市シニアアクティブルーム講師など。

ハンガリーにてコダーイシステムによる教育研修を受ける。

日本演奏家連盟会員、日本声楽発声学会会員、日本コダーイ協会会員、長野ケーブルテレビ番組審議委員など。

二〇一四年（平成二十六年）九月一日逝去。享年七十五歳。

想い

小学生のときにピアノを昇に、高校生で声楽を美智子に師事した曲渕泉は、長野少年少女合唱団では初期の副指揮者をつとめ、その後もずっと合唱団にかかわってきた。

美智子の亡くなったあと、曲渕は何回か、この本のインタビューのために長い時間を割いてくれていた。

美智子にとって結果的に最後の定演となった第三十八回の定演のあと、曲渕は山本音楽研究室の駐車場で美智子と立ち話をするなか、改まって、次のように美智子に言った。

「私が歌の道に進み、今、いろいろな場面で歌いたい歌を歌えていられるのは、先生にきちんと教えていただいたからです。すべての基礎は先生のもとで身につけたと思います。今こうしていられるのは美智子先生のおかげです」

美智子はこれに「ありがとう」と応えてくれたという。

「美智子先生は私にとって、いるべき人、一言でいえば、そういうことなんだと思う」

曲渕は何度も「いるべき人」という言葉を繰り返した。そして感嘆するように、

「それにしても美智子先生は最後まで、自分の人生を演出していたと思う。本当に見事な人生だったと思う。先生には使命感のようなものがあり、それを最後まで全うされたとも思う」

と語った。

そして、昇について、

「先生もお気持ちを落とされていると思うが、いつまでも変わらぬ昇先生であってほしい。私はリタイアした昇先生は見たくない」と言ったときの曲渕の表情には強い思いが感じられた。

中学のときに少年少女合唱団に入団し、音楽の道を志した高校のときから美智子の個人指導を受けた上村まり子は、二年前に美智子が病気をしたあと「美智子先生がいなくなってしまったら、どうなってしまうのだろう」と不安になったが、亡くなるひと月あまり前に酸素吸入器をつけた美智子に会ったときは「私が音楽を続けているかぎり、先生はずっといてくれるはずだ」という根拠のない確信があったという。

「まだまだ教わりたいことがいっぱいあった」とまり子は言う。

まり子も長いあいだ、美智子から直接レッスンを受ける機会はなくなっていた。だが近年は、

「もう一度原点に戻って美智子先生に教わりたい」という思いが強くなっていたのだという。

「一例としては、自分自身が年齢を重ねるにしたがって、思うような声が出なくなってきたなという認識があったのと、歌のための声の出し方が分からない人や、年配の人に指導する機会が多くなってきたこともあって、発声をとことん研究してきた美智子先生に改めて教わりたいと思っていた」

そしてまり子は、もう一度「それだけでない。まだまだ教わらなくてはいけないことがいっぱいあるのに」と加えた。

まり子は、高校生のときから叱られたことはいっぱいあった、少年少女合唱団のスタッフになったあとも、いっぱい叱られたという。「親が子どもに言うように、社会の常識をたくさん教えてもらった。ずっと叱ってくれる存在でいてほしかった」

まり子は最後に、「でも、現実を受け入れて、一人で考えてやっていかなくては」と静かに、しかし決意するように言った。

そして、「愛和病院でのお別れの会、通夜、出棺、葬儀、それにお斎（とき）の席にもいさせてもらえて、昇先生にはとても感謝している」というまり子は、お斎の席での美鈴楽器会長の話を聞かせてくれた。

「会長さんはおっしゃった。歌を通して豊かな心を育て、その豊かさを社会に還元するというのが美智子先生の思いであって、先生はそれを実践した。現にお弟子さんたちが立派に育っている。一例が『唱歌と童謡を愛する会』だ。美智子先生に教わった皆さんが、各地でこの会の指導者として活躍している。会長さんのおっしゃったのは、そんな内容のことだった。そのとき、はっとした。目の前のことをやっていくことこそ、美智子先生への恩返しだと」

長野市立高校生のとき美智子から音楽の授業をうけ、少年少女合唱団の父母の会代表や後援会代表を歴任した金子貞子は、九月一日の午後三時四十分ごろ曲渕泉から、美智子の逝去を知らせる電話を受けた。

金子は地域のボランティアとして古里地区の福祉のために長年尽力している。美智子の訃報を知らせる電話を受けたときも、ちょうど活動する仲間とともにいたところだったが、金子は悲しい知らせにその場で泣いた。

「それからは、主人が仕事に出かけて一人になると泣いている毎日なのよ」

美智子が亡くなって数週間たってからのインタビューだったが、自分はいまだに悲しみのなかにいると金子は言った。

「美智子先生はご自分の洋服を、市立高校の教え子で少年少女の後援会にも入っていてくださる村瀬善子さんに、ずっとつくってもらっていた。納棺のとき美智子先生が着ていらっしゃったのは、定演で着ていたなかで一番お気に入りの一着だった」

金子はお斎の席で、美鈴楽器会長、そして美智子の大学時代からの親友である伊東（旧姓松坂）ノリ子のあと、一言あいさつすることになり、次のように言った。

「三十年以上そばにいさせていただき、子どもたち二人はもちろん、私をも育ててくださった」

金子と美智子には共通点がある。ひとことでいえば、包容力といえばよいのだろうか。そのことに関係するかもしれない、次のような興味深いことを金子は語った。

「私の実家と美智子先生のご実家とには共通点がある。私の父は宮大工の棟梁で、一緒に暮らす大工さんが三人、そのほかにも大勢の通いの大工さんがいた。聞けば、美智子先生のご実家の山久も丁稚や事務員の人がいたという。大勢の人が家に出入りし、どちらもいわば職人の家で、実家の雰囲気が似ていたのではないか。美智子先生と私のウマが合った根底に、それもあるのかもしれない」

金子さんが用意しておいてくれた思いがけぬ昼食をともにしながら、私は数年前に山本先生宅をたずねたとき、やはり思いがけなくも美智子先生手作りの昼食をご馳走になったときのことを思い出していた。

再出発

九月六日の土曜日。美智子が旅立って最初の土曜日だったが、旧中央幼稚園の二階では、いつもと変わることなく長野少年少女合唱団の練習が行われていた。遺志を受け継ぐ指導者、服部秀子、北村智佳子、宮沢陽子、山岸利香。それを支える顧問やアシスタント、父母の会、たくさんの人々。大勢の子どもたちがその日も歌っていた。

十月からは練習会場に昇も姿をみせた。第三十九回定期公演では昇も指揮を執る。バッハ、ヘンデル、それに歌劇「カルメン」からの何曲かである。そのほかの曲は智佳子の指揮である。

昇が指揮を執る曲の練習が始まる。

「ここまではソプラノⅠとソプラノⅡのかけあい。次の小節からはタテの和音。そこをよく理解して」

「勝手にだんだん遅くしていかない。指揮者をよく見て」

「他のパートの音をよく聴いて。自分だけ歌っても合唱にならない」

次から次へと昇から指摘が飛ぶ。皆、集中して昇の指摘を聞く。前の二列が合唱団員の子どもたち。三列目は長野スコラーズの名で歌う大人たち。大半が美智子の教え子で、音大出身者が多い。

昇の声が続く。「そこのところは、ソプラノは子どもたちだけで。メゾは大人も歌って。そうすると合唱になる」

主役である子どもたちの声を必要に応じて大人の声で支えて、一つの合唱をつくっていく。

合唱団の活動目的は、創立のころから変わらない。

「歌を通して豊かな心を育て、その豊かさを社会に還元しよう」である。合唱団で育った子どもたちが立派に成人し、音楽、教育、その他あらゆる分野で活躍している。そして音楽の道に進んだ人は、次の世代を育てている。美智子の次の世代、また次の世代へと、その思いはつながっている。美智子は理想を掲げて、それを実現させてきた。その理想は終わっていない。これからも続いていく。

これからの長野少年少女合唱団は、どのように進んでいくのだろうか。

少し長くなるが新代表・服部秀子および役員会一同の名による、後援会員などにあてた次の文章を掲載させていただこうと思う。

長野少年少女合唱団　ご関係各位　～支えてくださっている皆様へ～

長野少年少女合唱団　代表者引継ぎについて

皆様におかれましては、常日頃、合唱団の活動に様々なご支援と温かいお心配りをいただきまして、本当にありがとうございます。心より感謝申し上げます。

本年（平成二十六年）八月に長野少年少女合唱団の代表者を、山本美智子先生から、私、服部秀子に引き継いでおりましたので、その事に関しましてお知らせ申し上げます。

長野少年少女合唱団の創立者である山本美智子先生が、かねてよりご病気療養をされていらっしゃいましたが、本年九月一日にご逝去されました。山本美智子先生は昭和五十一年五月に長野少年少女合唱団を創立され、約四十年間代表者として、また常任指揮者として、長野少年少女合唱団を常に慈愛にあふれたご指導で多くの子供達の心に「歌う楽しさ」「合唱・音楽の素晴らしさ」を教えてくださいました。多くの演奏会（年一回の定期演奏会・海外演奏旅行・

オペラへの出演、他多数）を真心込めて一つひとつ成功させ、その積み重ねによって団を常に発展へと導き続けてくださいました。

美智子先生は本年八月にすでに代表を退かれていましたが、皆様には今年の「第三十九回定期演奏会」のご案内に合わせてそのご挨拶をという申し合わせでございましたため、遅いご報告となりましたことを、お許しいただきたいと存じます。私、大変微力ではございますが、合唱団を心から愛してやまない役員スタッフの皆様と共に、一丸となって邁進して参ります。

ご逝去されたとはいえ、美智子先生の長野少年少女合唱団での業績に代わる事はなく、これからは『創立者』、また『永世顧問』として、合唱団に名前を刻み続けることになりますことを併せてご報告申し上げます。

予定通り本年も十一月に「第三十九回定期演奏会」を開催いたします。歌の大好きな団員達は悲しみをこらえ、山本美智子先生の貴いご指導を想いながら、その後の練習でも無心に精一杯歌い続けております。偉大な山本美智子先生に出会え、合唱団で多くのことを学ばせていただき、共に貴重な経験を積めたこと、音楽を越えて人として大切なものを沢山教えていただきましたことに感謝して、皆で力を合わせ、これからもずっと長野少年少女合唱団は歩んで参ります。

今後は以下の体制にて合唱団の指導及び運営を、今まで以上に熱意と真心を持って、また山本美智子先生のご遺志を継いで、行って参ります。長野少年少女合唱団一同、力を合わせこれからも活動を続けて参ります。

尚、山本美智子先生の『メモリアルコンサート』が、来年八月二日に山本音楽研究室の主催により若里市民文化ホールにて開催されます。その際に長野少年少女合唱団も出演させていただきます。つきましては、今年も来年も、定期演奏会は「追悼」としてではなく、変わらない合唱団の活動として開催いたしますことを、お伝えいたします。

来年の創立四十周年を越えてなお、「歌を通して豊かな心を育て、その豊かさを社会に還元しよう」という合唱団の活動目的に沿い、子供達の未来のため尽力していく所存です。今後とも変わらぬご支援とご協力をお願い申し上げます。

二〇一四年（平成二十六年）秋
長野少年少女合唱団　代表　服部秀子
役員会一同

新体制　代表　服部秀子　事務局長兼副代表　北村智佳子
音楽顧問　山本昇　運営顧問　曲渕泉　上村まり子
指導スタッフ　服部秀子　北村智佳子　宮沢陽子　山岸利香

きっと明日も歌っている

二〇一四年（平成二十六年）十一月三十日の日曜日、幸い天候にも恵まれたこの日、第三十九回長野少年少女合唱団定期演奏会が開催される若里市民文化ホールでは、八時四十五分の集合のときから密度濃く時間が進んでいく。九時少しすぎからは、ステージでは指導者、団員を中心にリハーサルが進行し、ロビーでは父母の会を中心に受付の設営や写真の展示などの準備が進む。ほぼ毎年参加の、陰アナの野村千早、ステージ係の金子雅之、神林宏明をはじめ、今年も大勢のＯＧ、ＯＢが午前中の準備段階からスタッフとして参加した。リハーサルでは最後の合唱指導とともに、ステージごと、あるいは曲ごとに、子どもたちの立ち位置にテープが貼られ、譜面台や小道具などの出し入れのタイミングが確認される。金子も神林もふだんは音楽と全く関係ない事務系の仕事に就くが、ステージでの彼らの動きは無駄がなく、まるでプロのようだ。前年からはＯＧの小林真也子もステージ係に加わった。ほかにも受付係、会場係など様々なポジションで合唱団卒団生、父母の会、後援会など大ぜいの人たちが定演を支えている。

　金子は声変わりして卒団した直後から定演を手伝うようになって三十年になる。男声での参加、あるいはステージ係などで、ずっと手伝い続けていることについて金子は、後輩たちへの応援の気持ちに加え、「一年に一回、この空間に来ると懐かしい顔に必ず会える、ということと、凝った演出をするときもあり、裏方も面白い、というのもある」と言う。

　十三時ちょうどにようやくすべてのリハーサルが終わり、この段階ではすでに大勢の観客が受付を済ませ、ロビーに列をつくっている。出足がいい。十三時半、ステージ係がセットを完了したことを確認し、昇は開場ＯＫの指示を出す。舞台裏下手のモニターには、観客が入場し、席に着いていく様子が映し出される。人は途切れない。十数分後には、ほとんどの座席が埋まっていく。陰アナの野村千早が、落ち着いた、耳に心地よい語り口で会場案内などをアナウンスする。上村まり子とともに卒団生役員をつとめる野村は、黒衣の仕事を微笑みとともに進めていく。結局この日は六百席の会場で立ち見が出た。

　舞台裏下手には指揮者や伴奏者たちが一人また一人とやってくる。服部は机に楽譜を広げ、最後のおさらいに余念がない。いつもの年と変わらない開演直前の光景のようだが、美智子はいない。

　一ベルに続き、やがて本ベルが鳴り、団員が上手から入場し、指揮者と伴奏者が昇たちに見送られて下手から入場していく。湧きあがる大きな拍手。十四時、開演である。

　団員たちの「こんにちは」の美しいハーモニー。何という美しいハーモニーだろう。美智子によって指導されてきた子どもたちの澄んだ歌声。少年少女合唱団の子どもたちは伝統的に本番に強い。練習のときよりも、午前中のリハーサルのときよりも、美しい歌声での開幕だ。二十一秒間という「こんにちは」の短い合唱が終わると、「チキ・チキ・バンバン」の前奏がはじまり、リトルシンガーズの公募された子どもたちもステージ上に登場する。第一ステージはリトルシンガーズの年少から小三までの十八人のお友だちを交えての演奏だ。前の二列はリトルシンガーズ。後ろの二列は黄色いポロシャツの少年少女合唱団。指揮は北村智佳子、ピアノとシンセサイザーを服部秀子と宮沢陽子。「踊ろう楽しいポーレチケ〝変奏曲〟」「手のひらを太陽に」「これが音楽」とお馴染みの音楽が続く。曲の紹介は、一曲ごとに団員が交代でおこなう。歌でのソロも含め、一人一人に、個人に注目が集まる場面も用意されているのが長野少年少女合唱団の定演だ。

　OGで元指導者の小井土愛美の器楽演奏のあいだに団員は舞台裏で紺セーラー上下の制服に着替える。第二ステージは「湯山昭の世界」。長野少年少女合唱団の創設時から歌われてきた、抒情的な、きらきら輝く音楽と美智子が称賛した湯山昭作品だ。まずは「山のワルツ」「雨ふりくまのこ」「バスごっこ」。小二以下のジュニアの団員四名だけで歌われ、その歌としぐさの可愛らしさに、満員の客席からは一段と大きな拍手が送られた。続いてジュニアと交代してシニアの小三以上の子どもたちが「雨の遊園地」を歌い上げたあと、長野スコラーズの何人かが三列目に加わる。その多くは合唱団のOGである。長野少年少女合唱団創立十周年記念委嘱作品、合唱組曲「風と木の歌」より、「Ⅰ今日もりんごは」「Ⅳ雪の絵本」「Ⅴ移る季節」の三曲が歌われる。前年の第三十八回定期演奏会でも「Ⅱ花かぞえうた」「Ⅲ風と木の歌」が歌われていた。創立四十周年記念演奏会で全曲演奏するために三年計画で準備をすすめてきているのだ。四十周年では創立二十周年記念委嘱作品の「ミサ長野」も全曲演奏される。

風と木の歌のステージが終了すると、大きな拍手に見送られ、いったん全員が退場する。小井土がバッハ「主よ人の望みの喜びよ」を演奏し、この間に舞台裏では団員たちがセーラーの上に白ブレザーを着る。コーロ・アニマートと長野スコラーズで歌うメンバーも上は白のブラウスやワイシャツ、下は黒のスカートやズボンのいでたちで出番を待つ。美智子が長年指導してきた女声合唱団コーロ・アニマートと、公募された女声・男声の長野スコラーズが、少年少女の声を支える。何人もの卒団生や元指導者が長野スコラーズに加わっている。

第三ステージ「大作曲家の名曲」と題して、今年はバッハとヘンデルが演奏される。まずは北村智佳子の指揮で、大人は入れず少年少女合唱団中学生以上の声だけでバッハWir eilen mit schwachen（私は、弱くても早い足取りでいそぎます　カンタータ「イエス、汝わが魂を」

BWV78より）を歌う。子どもたちの声だけで素晴らしいバッハを演奏し、観客席からは惜しみない拍手が送られた。昇はこの日の舞台後、音楽関係の知人にこの日の演奏会を称賛されたあと「智佳子さんの指揮する姿は、奥さんにそっくりだった」と言われたという。

ここで指揮者が交代し昇が指揮を執る。コーロ・アニマートと長野スコラーズの女声が二列目に入り、バッハGute Nacht, o Wesen（さらば、この世が選ぶものよ　モテトゥス「イエスわが喜び」BWV227より）が歌われる。無伴奏の曲だが、この日はテノールのパートを器楽で演奏し、ソプラノⅠ、ソプラノⅡ、アルトのパートを団員と女声だけで歌う。アルトが歌う定旋律こそがこのモテトゥスの主題であるということを昇は十月はじめの練習のときから繰返し言い、小品ではあるが、この曲の練習には特に時間をかけてきた。この日のステージでアルトをソプラノⅠのパートとソプラノⅡのパートのあいだに立たせたところからも、昇がこの曲におけるアルトの旋律をいかに重要に考えているかがわかる。アルトが中央にいるということは、両ソプラノパートがアルトの音をよく聴いて歌うようにという意味もこめられている。

バッハのこの曲を選曲したのは、まだ美智子が元気なときである。美智子が旅立ってしまったいま、この曲を演奏することは新たな意味を帯びていたはずだ。

大きな拍手のあと、ヘンデルを歌う団員、コーロ・アニマート、それに長野スコラーズの男声などが入場する。ピアノとオルガンには服部秀子、宮沢陽子に加え、智佳子も入る。Seht!

Er Kömmt mit Preis gekrönt（今帰る、聖なる勇士　オラトリオ「マカベアのユダ」より）である。最初に少年少女の団員だけで三部合唱し、次に女声二部合唱、最後に男声も加わり全員で、混声合唱で勇者を讃えた。「ヘンデルはこの曲で休符をほとんど入れていない」「クレッシェンドにしたがらない」練習のときの昇の指摘を胸に男声の一人は何とか今日最初の曲を歌い終え、ほっとする。男声には卒団したばかりのＯＢ高木俊も加わっていた。声変わりのあとも高三まで団員を続けた高木は、練習やリハーサルのときも男女関係なく団員たちと仲良く会話をし、いいムードメーカーだ。

続いてHallelujah（ハレルヤ　オラトリオ「メサイア」より）コーラスである。ここまでのバッハ、ヘンデルの三曲はドイツ語で歌ったが、ハレルヤは英語で、男声も女声と一緒にアルトのパートという三部合唱で歌われた。このバッハ、ヘンデルのステージと「風と木の歌」のステージに限っては、団員も楽譜を手にしているが、その他の曲はすべて暗譜。ハレルヤにしても、子どもたちはほとんど楽譜をみていない。暗譜している。練習のとき昇に指摘され楽譜に書き込んだことも、頭のなかに入っている。

少年少女のときに原語で歌うことの意味は大きい。子どものころからドイツ語に親しんできたためにドイツ語を聞き取ることがさほど苦でなく、やがてドイツ語を習得したという卒団生も少なくない。また、ふだんから暗譜で歌うからだろうか、大人になってから久しぶりに合唱団時代の曲を歌っても、すらすらと暗譜で歌えるという話もしばしば聞く。だから大人になっても、子どものとき以来歌っていなかった曲を、暗譜で、しかも原語で歌えてしまうというのだ。

バッハ、ヘンデルのステージが大きな拍手で閉じると、休憩となる。この休憩時間に団員による団員募集のパフォーマンスがある。団員が自分たちで書いた台本にアドリブもおりこんで、楽しい合唱団の雰囲気を寸劇風に伝え、最後にひとり一文字ずつ持った「団」「員」「募」「集」「中」「で」「〜」「す」の巻物を広げていく。と、広げてみた文字が一文字だけ表と裏が逆になっていた。客席からは楽しそうな笑いが湧きあがり、盛り上がる。そんな様子を見て、してやったりという表情をうかべるのは、巻物を渡した上手のステージ係、OBの神林である。

後半が開幕する。第四ステージは子どもたちの大好きな世界だ。「ホール・ニュー・ワールド」「星に願いを」「おおかみなんか　こわくない」「ラ・ラ・ルー」「ミッキーマウス・マーチ」「小さな世界」。指揮、北村智佳子、ピアノとシンセサイザーは宮沢陽子と小井土愛美。団員はカラーポロシャツにGパン。ステージにはぬいぐるみがいくつも飾られ、「星に願いを」での美しいボーイソプラノ、「おおかみなんかこわくない」からはジュニアも加わり、子どもたちならではの楽しいステージとなった。続くリトミックのコーナーでは年少から小一までのリトミッククラスの子どもたちを主役に、最後は少年少女の団員も加わり客席をまきこんでのリトミック遊びだ。小さな子どもたちが登場すると観客も自然と笑顔になっていく。

最後の第五ステージは昇の指揮により歌劇「カルメン」より数曲が歌われる。ピアノとシンセサイザーは服部秀子、北村智佳子、宮沢陽子。出演は団員と、コーロ・アニマート、長野スコラーズ。前奏曲が演奏されるなか、前のステージと同じくカラーポロシャツとGパン姿の団員たちに続き、たばこ工場で働く女性や工場の周辺にたむろする男達に扮したコーロ・アニマートと長野スコラーズの大人たちが入場していく。昇は楽器のすぐ脇でタクトを振る。力強い指揮だ。

カルメンのステージは日本語訳の歌詞による。まずは「町の子供たちの合唱」を、衛兵の交代を真似するしぐさなどをつけて団員だけで歌う。続いて「ジプシーの歌」。コーロ・アニマートと長野スコラーズの六人の女声がカルメンとその仲間たちとなり、踊り、歌う。六人以外はステージ上に座り、カルメンたちを指さしたり、隣どうしでおしゃべりしたりする様子を演じている。カルメンらを演じる六人は元指導者や卒団生などだ。かつて上村まり子は指導者のソロをみて、その姿にあこがれを持った。いま舞台狭しと、踊り、歌うカルメンとその仲間たちの演奏は、団員の心にどんなものを残していくのだろう。

「ジプシーの歌」が終わると、その余韻も冷めぬうちに「行進曲と合唱」の前奏が始まる。全員が立ち上がる。いよいよフィナーレの曲だ。「来たぞ、来たぞ、行列が」という子どもたちの歌声から始まり、男声、そして女声と「来たぞ」が続き、混声の全員合唱が始まる。怒涛の迫力だ。子どもたちだけの歌声、大人の女声との共演、そして混声合唱まで経験できるのが長野少年少女合唱団の良さだ。行進曲は進むにつれて盛り上がっていく。最後にエスカミーリョとカルメンが登場し、盛り上がりは最高潮を迎え、ついにヴィヴァ、ブラボーの掛け合いのあと、全員の「ブラーボ」で幕を閉じた。

客席から押し寄せる、割れるような拍手。昇が客席に向き、まず一礼する。長野スコラーズの一人はこのとき、練習、リハーサルをとおして最高の出来ではないかと感じたが、あとで自分に届いたメールなどで、カルメンのことが称賛されているのを見て嬉しく思った。

指導者が横一列に並んで一礼し大きな拍手をうけたあと、恒例のオブラディ・オブラダの前奏が始まる。会場全体で手拍子が始まり、団員たちは歌いながら、まず一列目の団員が舞台最前列に進み、両隣の団員と手をつないで客席に向かい大きく一礼する。一段と大きな手拍子。二列目の団員、三列目の大人たちも続く。オブラディ・オブラダの合唱は途切れない。リトルシンガーズの子どもたちも客席最前列から舞台に上がり一礼する。昇はいつの間にか、下手から退場している。

全員があいさつし、オブラディ・オブラダの演奏が終わったあとの静けさのなかを、ジュニアの団員がマイクを手に前に出る。「おなごり、おしいので、もう少し歌っていいですか」。客席から大きな笑い、そして拍手が続く。

北村智佳子が指揮を執り、アンコールの一曲目「星唄」が始まる。弦楽ユニットTSUKEMENと長野少年少女合唱団が共演した曲で、テレビ信州で定期的にその音楽が流され、耳にすることも多い歌だ。少年少女の澄んだ歌声に客席には目を潤ませる人もいる。

そして「世界に一つだけの花」が歌われるとコーロ・アニマートと長野スコラーズの大人たちは退場し、団員だけによる「さよならみなさま」が静かに歌われる。毎年、この曲を背景に、高三で最後の定演を迎える団員が締めくくりのあいさつをする。合唱団での思い出と感謝の気持ちが必ず語られるので、会場全体が感動で包まれる瞬間である。どんなことを言うか、その中身はリハーサルの段階で指導者や団員にはわかっているのだが、何を言うか分かっていても、本番では指導者も思わず目頭があつくなる。

今年は高三の飯沼侑香がマイクを握り、入団した時からの思い出や、指導者や仲間へのお礼を伝えていく。舞台裏下手には昇とステージ係が一人いるだけだ。昇はお礼のあいさつの様子を下手でずっと聞いている。

最後に美智子への感謝の言葉が語られた。昇はその瞬間、こらえきれなかった。美智子が亡くなってから、ずっと泣かなかった。しかし、昇は初めて泣いた。ほぼ無人の舞台裏で、昇は机に伏して泣いた。美智子は昇にとって、たった一人の女性だった。

長野少年少女合唱団の創立四十周年記念演奏会は二〇一五年（平成二十七年）十一月三日にホクト文化ホール（県民文化会館）中ホールで行われる。きっと今日の定演の数日後には、早くもその日に向けての準備が始まるはずだ。

昇と美智子の音楽の旅は、これからも続いていく。

◆参考文献一覧

アルカディア・コンサート　プログラム　一九七六年三月二〇日
音楽の信州　竹内邦光著　信濃毎日新聞社　一九七三年
後町教育百三十七年　長野市立後町小学校閉校事業実行委員会　二〇一二年
コーロ・アニマート　プログラム　二〇一〇年七月一一日、二〇一四年七月二七日
高田木曜会合唱団創立五〇周年記念誌　高田木曜会合唱団　二〇〇三年
地域文化　通巻十二号　（財）八十二文化財団　一九九〇年
長野北高新聞・長高新聞　縮刷版第三版　一号～四二六号　長野高等学校新聞部
長野県少年少女合唱祭プログラム　一九九八年
長野高等学校合唱班第四〇回定期演奏会プログラム　二〇一三年六月三〇日
長野高等学校管弦楽班創立五〇周年に寄せて　二〇一一年八月一四日
長野高校吹奏楽班ＯＢ第三八回定期演奏会プログラム　二〇〇七年三月三一日
長野高校百年史　長野高等学校同窓会　一九九九年
長野市誌　第七巻（現代）　二〇〇四年
長野市の百十年　一草舎　二〇〇七年
長野少年少女合唱団　定期演奏会全プログラム
（三十九回分および正式発足前の一九七六年三月二八日演奏会）
長野少年少女合唱団オーストリア演奏旅行記録集　長野少年少女合唱団　二〇〇二年
長野少年少女合唱団　後援会等あて各種文書
長野日赤ニュース　かるかや　№四九三　長野赤十字病院　二〇一四年

日新鐘（現在、一般社団法人長野高等学校金鵄会が発行する同窓会報）
平成二〇年（二〇〇八年）一二月二五日号、平成二三年（二〇一一年）一二月二五日号
百年のあゆみ　長野県長野西高等学校　一九九六年
ふきのとう　第四十五号　長野市立後町小学校ＰＴＡ　二〇〇九年

（音楽的背景を知るために参考にした本）
アナリーゼで解き明かす新名曲が語る音楽史　田村和紀夫著　音楽之友社　二〇〇八年
音楽史ほんとうの話　西原稔著　音楽之友社　二〇〇五年
差異の王国　美学講義　篠原資明著　晃洋書房　二〇一三年
作曲家　人と作品　ヘンデル　三澤寿喜著　音楽之友社　二〇〇六年
知ってるようで知らない吹奏楽おもしろ雑学事典　吹奏楽雑学委員会著
ヤマハミュージックメディア　二〇〇六年
西洋音楽史　岡田暁生著　中公新書　二〇〇五年
ブルー・アイランド版　音楽辞典　青島広志著　学研パブリッシング　二〇一四年
ヨハン・ゼバスティアン・バッハ　学識ある音楽家　クリストフ・ヴォルフ著
秋元里予訳　春秋社　二〇〇四年

◆参考新聞一覧
朝日新聞　一九七七年一〇月二二日
サンケイ新聞　一九八六年一一月六日

信濃毎日新聞　一九八五年一〇月一三日、一九九六年一一月二三日、一九九七年七月二日

◆参考サイト一覧（いずれも二〇一五年二月一八日ダウンロード）
一般社団法人全日本吹奏楽連盟　http://www.ajba.or.jp/
全日本高等学校オーケストラ連盟　http://www.nippon-seinenkan.or.jp/orchestra/index.html
長野市民合唱団コールアカデミー　http://naganoacademy.sakura.ne.jp/

◆本書執筆にあたり、取材・照会等でご協力いただいた皆様（五十音順、敬称略）
朝野三希子、上野いづみ、上野麻衣子、上野誠、上野基、植松美穂、小口由里、金子貞子、金子雅之、上村まり子、神林宏明、北野順子、北村智佳子、木藤純一、幸地恵子、小林千恵美、長野高校管弦楽班（水津潤）、長野高校吹奏楽班（内山博）、服部秀子、曲渕泉、町田昂二、丸野順子、水庫正巳、村瀬善子、吉川泰（長野高校合唱班）この他にも匿名希望の方を含め、大勢の方々にご協力いただきました。
　そして何より、
山本昇先生
山本美智子先生
　ありがとうございました。

Ⅰ　長野少年少女合唱団　定期演奏会一覧

創立記念演奏会（第１回）

○指揮　山本美智子／伴奏　山本　昇
●1976. 10. 31　県勤労者福祉センターホール
Ⅰ　開幕の合唱　　手のひらを太陽に　　歌声ひびけば
Ⅱ　南安雄作品集　日記のうた　　チコタン　　作詞　蓬来泰三
Ⅲ　ドイツ・ロマン派合唱曲
　　野ばら　　作曲　H·ウェルナー
　　歌のつばさに　　作曲　メンデルスゾーン
　　美しく青きドナウ　　作曲　J·シュトラウス
Ⅳ　日本のわらべうためぐり
　　お江戸日本橋　　金毘羅ふねふね　　さくら・さくら
　　手まりうた　　ずいずいずっころばし
Ⅴ　全員合唱　　ドミソの歌

第２回定期演奏会

○指揮　山本美智子／伴奏　山本　昇
●1977. 10. 23　長野市民会館ホール
Ⅰ　開幕の合唱　　野原で手をたたけ　　歌はともだち
Ⅱ　ミドル・コースの合唱
　　ママ・ごめんなさい　　聖日の朝　　アヴェ・マリア
　　春が歩いている　　手
Ⅲ　古典合唱曲　　わたしが先へ　　トーマス・モーリー
　　願いあつく（カンタータ第78番より）　　J·S·バッハ
　　おゝ・ひばり　　メンデルスゾーン
　　流浪の民　　シューマン
Ⅳ　子どものための合唱組曲　　作詞　蓬来泰三
　　お菓子の歌　　作曲　南　安雄
Ⅴ　世界の民謡　　木曽節　　フニクリ・フニクラ　　マルセリーノの歌
　　ローレライ　　アヴィニヨンの橋の上で　　ゲールウェイの笛ふき
　　調子をそろえて　　クリック・クリック・クリック　　グリーン・グリーン

第３回定期演奏会

○指揮　山本美智子／伴奏　小山恵子
●1978. 11. 4　長野市民会館
Ⅰ　開幕の合唱　　オリバーのマーチ　　うたえバンバン
Ⅱ　ミドル・コースの合唱
　　来よ、花咲く五月　　ブラームスの子もり歌　　みーつけたみーつけた
　　夏が来る
Ⅲ　古典合唱曲　　STABAT MATER　　G.B.Pergdesi
　　ます　　F.シューベルト
　　ウィーンの森の物語　　J.シュトラウス
Ⅳ　合唱組曲　　駿河のうた　　作詞　宮沢章二
　　作曲　湯山　昭
Ⅴ　世界の子供の歌　さくらさくら　　ラサ・サヤン　　ホルディリディア　　モーツアルトの子守歌
　　おお牧場はみどり　　空のお日さま　　10人のインディアン　　赤とんぼ

Ⅰ　長野少年少女合唱団　定期演奏会一覧

第４回定期演奏会

○指揮　山本美智子／伴奏　小山恵子
●1979. 11. 3　長野市民会館
Ⅰ　開幕の合唱　　たのしいね　　陽気にうたえば
Ⅱ　ミドルコースの合唱
　　小さなカレンダー　　眠りの精　　少年が来てハトが来て　　ヤマアラシ
Ⅲ　シニアコースの合唱
　　STABAT MATER　　G.B.ペルゴレージ
　　野バラの花束　　モーツァルト
　　太陽のマーチ　　ヨハン・シュトラウス
Ⅳ　合唱組曲　　四国の子ども歌　　作曲　湯山　昭
Ⅴ　四季の歌　　羊飼い　　花　　浜辺の歌　　ピクニック　　月の光に　　お月さんと坊や
　　スキー　　白銀は招くよ　　Sing

５周年記念演奏会（第５回）

○指揮　山本美智子、山本　昇、吉川　泉／伴奏　服部秀子、幸地恵子
●1980. 11. 2　長野市民会館
Ⅰ　開幕の合唱　　手のひらを太陽に　　みんなのマーチ
Ⅱ　第１ステージ（ミドルクラス）
　　クラリネットをこわしちゃった　　牧場の朝　　ぶらんこはいいな　雲雀の歌
Ⅲ　第２ステージ（シニアクラス）
　　合唱組曲「小さな目」より　　作曲　湯山　昭
Ⅳ　第３ステージ（シニアクラス）
　　STABAT MATER（悲しみの聖母）　　ペルゴレージ
　　ソリスト　　ソプラノ　山本美智子　　アルト　吉川　泉
　　弦楽合奏　　東京プティアンサンブル
Ⅴ　第４ステージ（全員）
　　お手玉うた　　どじょっこふなっこ　　うさぎ　　てんさぐの花　　ロンドン橋
　　おおブレネリ　　おどろう楽しいポーレチケ　　元気に笑え

第６回定期演奏会

○指揮　山本美智子、清水名保美／伴奏　服部秀子
●1981. 11. 3　長野市民会館
Ⅰ　開幕の合唱　　ゆかいに歩けば　　歌はともだち
Ⅱ　こどものうた　　あめふりくまのこ　　こわれたすいどう　　ラッパのこびと　　野バラ
　　朝の並木道
Ⅲ　古典合唱曲　　チェロ　宮崎清之
　　ゆけわがそよ風　　メンデルスゾーン
　　Den Tod Niemand zwingen kunnt　　J･S･バッハ
　　Wir eillen mit schwachen　　J･S･バッハ
Ⅳ　組曲「佐渡の四季」より　　高田少年少女合唱団　　指揮　斉藤敏朗
Ⅴ　小組曲「こどもの国」　　作曲　湯山　昭
Ⅵ　海のうた・山のうた　　（高田少年少女合唱団との合同演奏）
　　木曽節　　佐渡おけさ　　峠のわが家　　うみ　　サモア島の歌
　　野をこえ丘こえランランラン　　砂山　　オブラディ・オブラダ

第７回定期演奏会

○指揮　山本美智子／伴奏　幸地恵子　服部秀子
●1982. 11. 3　長野市民会館

Ⅰ	開幕の合唱	これが音楽　気球にのってどこまでも	
Ⅱ	古典合唱曲	AVE VERUM CORPUS	W.A.モーツアルト
		「STABAT MATER」より	A.スカルラッティ
Ⅲ	こどものための合唱曲集「風のとおりみち」		作曲　三善　晃
Ⅳ	合唱組曲	どんぶらこっこ	作曲　湯山　昭
		いちごたちよ	作曲　湯山　昭
		阿蘇	作曲　小林秀雄
Ⅴ	ひびけ！うたごえ		
		シンコペイテッド・クロック　踊る子猫　河は呼んでいる　トム・ピリビ	
		フルーツサラダのうた　チム・チム・チェリー　チキ・チキ・バン・バン	

第８回定期演奏会

○指揮　山本美智子／伴奏　服部秀子
●1983. 11. 3　長野県県民文化会館中ホール

Ⅰ	開幕の合唱	おしえて　おはよう太陽　未知という名の船に乗り	
Ⅱ	古典合唱曲	子守歌	F.シューベルト
		マリアの子守歌	M.レーガー
		「キャロルの祭典」より	B.ブリテン
Ⅲ	日本合唱曲	小鳥の旅	作曲　三善　晃
		雪の窓辺で	作曲　三善　晃
		祖谷（いや）のかずら橋	作曲　湯山　昭
		葡萄と風と赤とんぼ	作曲　湯山　昭
Ⅳ	こどものための合唱組曲「チコタン」　アルプス少年少女合唱隊		指揮　丸山　勝
Ⅴ	ひびけ！うたごえ　（アルプス少年少女合唱隊との合同演奏）		
		ほたるこい　茶摘　かごめかごめ　花いちもんめ　団歌 ひびけ歌声	
		車にゆられて　キャンプのワルツ　ビューティフルサンデイ	

第９回定期演奏会

○指揮　山本美智子、山本　昇／伴奏　服部秀子
●1984. 11. 3　長野県県民文化会館中ホール

Ⅰ	開幕の合唱	杉の木マーチ　シャボン玉とおひさま　だれかが口笛ふいた	
		オリバーのマーチ	
Ⅱ	日本の歌	赤い山　青い山　白い山　通りゃんせ　あんたがたどこさ　赤とんぼ	
		待ちぼうけ	
Ⅲ	A CEREMONY OF CAROLS　ハープ　山畑松枝　ソプラノ　小林千恵美　アルト　吉川　泉		
		キャロルの祭典	B.ブリテン
Ⅳ	少年少女のための合唱組曲「やまびこの歌」		作詞　山本直哉
			作曲　山本　昇
Ⅴ	ひびけ！うたごえ　ハープ　山畑松枝		
		ひびけ歌声　川　夏の思い出　ひき潮（ハープ独奏）　エーデルワイス	
		ひとりぼっちの羊飼い　ビューティフルネーム　翼をください	

Ⅰ　長野少年少女合唱団　定期演奏会一覧

創立10周年記念演奏会（第10回）

○指揮　山本美智子／伴奏　服部秀子

●1985. 11. 3　長野県県民文化会館中ホール

Ⅰ　開幕の合唱　　手のひらを太陽に　　おしえて　　うたえバンバン

Ⅱ　J.S.BACHの作品より

カンタータ78番より　Wir eilen mit schwachen,doch emsigen Schritten

カンタータ147番より　Jesus bleibet meine Freude

マタイ受難曲より　Wir setzen uns mit Tränen nieder

Ⅲ　ひびけ！うたごえ

ひびけ歌声　　烏かねもん勘三郎　　ゆりかごのうた　　夜汽車

ディズニーミュージックメドレー（ハイホー／ラララルー／ビビディ・バビディ・ブー）

Ⅳ　信濃によせる合唱ファンタジー「風と木の歌」　作詞　岸田衿子　作曲　湯山　昭

Ⅴ　少年少女のための合唱讃歌「ドミソの歌」　作詞　阪田寛夫　作曲　湯山　昭

客演指揮　湯山　昭

賛助出演　長野赤十字看護専門学校一年生

第11回定期演奏会（風と木の歌　出版記念演奏会）

○指揮　山本美智子／伴奏　服部秀子

●1986. 11. 3　長野県県民文化会館中ホール

Ⅰ　開幕の合唱　　ひびけ歌声　　シャボン玉とおひさま　　歌はぼくらの友だち

Ⅱ　大作曲家の作品より

Cantique de Jean Racine　Gabriel Fauré

O la o che bon'eccho　Lassus

ALLELUJA　W.A.Mozart

Ⅲ　ひびけ！うたごえ　　「こどもの国合唱団」とともに

しなののわらべうた　　（長野少年少女合唱団）

踊る子猫　　ブルー・タンゴ　　（こどもの国合唱団）　指揮　朝倉慶子

平和ってなあに　　WE ARE THE WORLD　　（合同演奏）

Ⅳ　湯山昭の世界　小組曲「こどもの国」　（こどもの国合唱団）　指揮　朝倉慶子

「風と木の歌」　（長野少年少女合唱団）　客演指揮　湯山　昭

雨の遊園地　　道は友だち　　（合同演奏）

第12回定期演奏会

○指揮　山本美智子／伴奏　服部秀子

●1987. 11. 3　長野県県民文化会館中ホール

Ⅰ　開幕の合唱　　こどものせかい　　ディズニー・ミュージック・メドレー

Ⅱ　こどものための合唱組曲

「光のとおりみち」より　作曲　三善　晃

Ⅲ　レクィエム　ガブリエル・フォーレ

客演指揮　山本　昇　　ソプラノ　金子みゆき　　バリトン　成瀬当正

Ⅴ　ひびけ！うたごえ　ひびけ歌声

中山晋平童謡集（兎のダンス、雨降りお月、肩たたき、波浮の港、シャボン玉、背くらべ）　フォスター作品集（金髪のジェニー、夢路より、おおスザンナ）

We Are The World.

第13回定期演奏会

○指揮　山本美智子／伴奏　服部秀子

●1988. 11. 6　長野県県民文化会館中ホール

Ⅰ　ア･カペラのひびき のばら　羊飼い　はにゅうの宿　烏かねもん勘三郎

Ⅱ　マーチにあわせて 君と歌おう　歌声ひびけば

Ⅲ　大作曲家の作品より

Ave Maria　Alleluja　Ave verum corpus　W.A.Mozart

Komm, holder Lenz !　F.J.Haydn

歌劇「Carmen」より Séguidille Choeur de gamins　G.Bizet

Ⅳ　群読　ことばの世界　「ねぇ　お母さん　もっと言葉を」　作　瓜生　喬

トランペット吹きながら　作曲　湯山　昭

希望の朝　作詞　山本直哉　作曲　山本　昇

Ⅴ　ひびけ！うたごえ ひびけ歌声　風と木の歌　木曽節　かわいいかくれんぼ　びわ

おぼろ月夜　まっかな秋　ちいさな秋　踊ろう楽しいポーレチケ

冬季オリンピック長野の空へ　愛が見つかりそう

第14回定期演奏会

○指揮　山本美智子、山本　昇／伴奏　服部秀子

●1989. 11. 12　長野県県民文化会館中ホール

Ⅰ　古典のしらべ　Ave Maria（Victoria）　Matona mia cara（Lassus）

Sound the Trumpet（Purcell）　Ave Maria（Gounod）

Ⅱ　外国の歌　眠りの精　キラキラ星　蛙のポルカ　とねりこの森

線路はつづくよどこまでも

Ⅲ　日本の歌　せっせっせアッサイ　さくらのラルゴ　こきりこの歌　八木節

Ⅳ　童謡でつなぐ友情の輪

晋平少年少女合唱団　指揮　山本　昇　鞠と殿様　露地の細道　チューリップ兵隊

かりがね児童合唱団　指揮　佃　邦芳　子鹿のバンビ　里の秋　汽車ポッポ

長野少年少女合唱団　山のワルツ　へい！タンブリン　もんしろ蝶々のゆうびんやさん　おもちゃのチャチャチャ

合同演奏　オペレッタ風ふるさと

創立15周年記念演奏会（第15回）

○指揮　山本美智子、山本　昇／伴奏　服部秀子

●1990. 11. 11　長野県県民文化会館中ホール

Ⅰ　古典のしらべ　エサイの根より（Praetorius）　キリエ（Mozart）

マリアの子守歌（Reger）　流浪の民（Schumann）

Ⅱ　外国のうた　おゝ！牧場は緑　10人のインディアン　ドナウ河のさざ波　夕ぐれの祈り

幸せの黄色いリボン

Ⅲ　日本のうた　指揮　山本　昇　打楽器　塚田　喜幸、佐伯　成規　笛　関　靖裕

少年少女合唱団のための嬉遊曲「日本のこども」より　作曲　湯山　昭

Ⅳ　ひびけ！うたごえ リクエストでつづる童謡と唱歌

Ⅴ　童謡ミュージカル「夕焼けの歌」　作曲・構成　山本　昇　演出　山極洋子

ソリスト　小林千恵美、内山まり子、矢沢美和

Ⅰ　長野少年少女合唱団　定期演奏会一覧

第16回定期演奏会

○指揮　山本美智子／伴奏　服部秀子、山本智佳子
●1991.11.17　長野県県民文化会館中ホール
Ⅰ　歌でこんにちは　おはよう太陽　羊飼い　パンのマーチ
Ⅱ　名曲をたずねて　ソプラノ　小山はる美
Olá o che bon eccho!　Lassus
Laudate Dominum ／ Alleluja　Mozart
Ⅲ　合唱ファンタジー「風と木の歌」より
Ⅰ　今日もリンゴは　Ⅱ　花かぞえうた　Ⅲ　風と木の歌
Ⅳ　歌のメッセージ（皆さんとご一緒に）
紅葉　スキー　春の小川　たなばたさま
Ⅴ　歌劇「赤太郎ものがたり」～一幕五場～
原作　さねとうあきら　脚本　山極洋子　作曲　山本　昇
演出　國松真知子　舞台監督　徳永吉成　衣装　金子貞子

第17回定期演奏会

○指揮　山本美智子、小林千恵美／伴奏　服部秀子、山田裕子
●1992.11.23　長野県県民文化会館中ホール
Ⅰ　歌でこんにちは　おお牧場は緑　さんぽ　アニメ「となりのトトロ」より　元気に笑え
Ⅱ　名曲をたずねて　Domine Deus　主なる神　「Gloria」より　ヴィヴァルディ
Ave Maria　ヴュルナー
Wolcum Yole!　「A Ceremony of Carols」より　ブリテン
Adam lay i-bounden　「A Ceremony of Carols」より
Ⅲ　合唱ファンタジー「ふしぎなせかい」より　なまけもの　あさ　かとが　作曲　新実徳英
「四国の子ども歌」より　祖谷のかずら橋　手毬歌　作曲　湯山　昭
Ⅳ　児童合唱のための小さなミュージカル「けんおにレストラン」
原作・脚本　山極洋子　作曲　山本　昇　演出　小林千恵美
Ⅴ　歌のメッセージ　We wish you a merry Christmas　星に願いを　子もり歌
サンタが街にやってくる　Happy Christmas

第18回定期演奏会

○指揮　山本美智子、内山まり子／伴奏　服部秀子
●1993.11.21　長野県県民文化会館中ホール
Ⅰ　歌でこんにちは　ひびけ歌声　気球にのってどこまでも　オリバーのマーチ
Ⅱ　名曲をたずねて　Wir eilen mit schwachen（カンタータ第78番より）　Bach
Veni Domine　Mendelssohn
Come, Ye Sons of Art ／ Sound the Trumpet　Purcell
Ⅲ　合唱ファンタジー　こどものための合唱曲集「風のとおりみち」　作曲　三善　晃
かぞえうた（Ⅰ）－opening－　1栗の実　2うとてとこ　3かっぱ
4りすの子　5仔ぎつねの歌　6なんのき　7ことこ
かぞえうた（Ⅱ）－finale－
Ⅳ　歌のメッセージ　ほたるこい　烏かねもん勘三郎　おてもやん　八木節　Annie Laurie
Green－sleeves was all my joy　とねりこの森　大きな栗の木の下で
ロンドン橋　オブラディ・オブラダ

第19回定期演奏会

○指揮　山本美智子、小林千恵美／伴奏　服部秀子、山本智佳子
●1994. 11. 6　長野県県民文化会館中ホール
Ⅰ　歌でこんにちは　ラデッキー行進曲（ピアノ連弾）　未知という名の船に乗り　地球の空の下
みんなのフレボ～オレ・オレ・オラ～
Ⅱ　名曲をたずねて　“Requiem”より　Pie Jesu　／　In Paradisum　Fauré
Dominica Ⅱ post pascha　Mendelssohn
Ⅲ　合唱ファンタジー　合唱組曲「小さな目」より　くも　えんそく　作曲　湯山　昭
児童合唱、打楽器、ピアノのための「生まれてから」より　作曲　新実徳英
生まれてから　ふしめ
Ⅳ　イギリスに夢をのせて
さくらさくら　オブラディ・オブラダ
Ⅴ　歌は世界のパスポート
くまのプーさん　げんきなこども　今こそ五月　手をつないで踊ろう
ヴィリアの歌　村の娘　進め若人よ　ボクたち何人　アリラン
白い大地

創立20周年記念演奏会（第20回）

○指揮　山本美智子、小林千恵美、上村まり子／伴奏　服部秀子、山本智佳子、幸地恵子
●1995. 11. 26　長野県県民文化会館中ホール
Ⅰ　歌でこんにちは　さあ！一緒に歌おう！　グリーングリーン　ボクたち何人
Ⅱ　名曲をたずねて　Ave Maria　Bach＝Gounod
Laudate Pueri　Mendelssohn
Veni Domine　Mendelssohn
Ⅲ　合唱ファンタジー　わらべうたづくし　さあ起きろおねぼうさん　野いちご
合唱組曲「風と木の歌」より　風と木の歌　合唱組曲「鮎の歌」より　鮎の歌
Ⅳ　ひびけ歌声！　オクラホマ　マルセリーノの歌　ド・レ・ミの歌　ホフマンの舟歌
ただ憧れを知る者のみ　おぼろ月夜　婆や訪ねて　みどりのそよ風
Ⅴ　支えてくださったみなさまと共に　手話指導：麦島はる
冬季オリンピック推薦曲　白い大地から　賛助出演：コーロアニマート

第21回定期演奏会

○指揮　山本美智子、小林千恵美／伴奏　服部秀子、山本智佳子
●1996. 11. 24　長野県県民文化会館中ホール
Ⅰ　歌でこんにちは　地球の空の下　Tyap・da・lyap
Ⅱ　合唱ファンタジー　わらべうたずくし
信濃によせる合唱ファンタジー「風と木の歌」より　雪の絵本　移る季節
Ⅲ　長野少年少女合唱団委嘱作品〈世界初演〉　客演指揮　山本　昇
ミサ長野－1998年　長野冬季オリンピック開催に寄せて－　作曲　J.W.Ziegler
1　Cantate Domino（Introitus）　2　Kyrie　3　Gloria　4　Credo
5　Sanctus-Benedictus　6　Agnus Dei with Litanie for the Freedom
Ⅳ　ひびけ歌声！　森の冬　ペチカ　ちんちん千鳥　鳥の歌　白銀は招くよ
ほら！なりわたる鐘のおと　静かに、静かに・・　神のみ子、きませり
時計台の鐘　花のワルツ　脚本・演出・出演　劇団ゆうごう

Ⅰ　長野少年少女合唱団　定期演奏会一覧

第22回定期演奏会（長野パラリンピック文化プログラム）

○指揮　山本美智子、小林千恵美／伴奏　服部秀子、山本智佳子
●1997. 11. 3　長野県県民文化会館中ホール
Ⅰ　歌でこんにちは　スポーツ・マーチ　幸せの黄色いリボン
Ⅱ　合唱ファンタジー　世界のあそびうた　ぐにゃぐにゃへび　むっくり熊さん　半月
「ビチニア選集」より　どこいくの？　すみれ
「三つの子どもの歌」より　川　汽車
合唱組曲「小さな目」より　おうちの人　えんそく
合唱組曲「日曜日－ひとりぼっちの祈り－」より　朝　おやすみ
Ⅲ　長野少年少女合唱団委嘱作品
ミサ長野－世界平和のための祈り－　1998年　長野冬季オリンピック開催に寄せて
Ⅳ　ひびけ歌声！　友情出演　長野盲学校小学部　白銀は招くよ　カチューシャ　旅愁
大きな栗の木の下で　子守歌　ローレライ　ソルヴェイグの歌
トスティのセレナータ　夢みる人　旅立ちの時　Dream ～愛を忘れない～

第23回定期演奏会

○指揮　山本美智子、小林千恵美／伴奏　服部秀子、山本智佳子
●1998. 11. 3　長野県県民文化会館中ホール
Ⅰ　歌でこんにちは　地球の仲間　翼をください
Ⅱ　名曲をたずねて　Et in unum Dominum Jesum Christum（ロ短調ミサ　BWV232より）
Domine Deus（ト短調ミサ　BWV236より）　J.S.Bach
Jesus bleibet meine Freude（カンタータ　BWV147より）
Ⅲ　合唱ファンタジー　日本のわらべうた　ほうずきばあさん　一番星　いちべえさんが
ふるさともとめて　じょうりき　いっけんじょ、にけんじょ　ほたるこい
一匁の市助さん
信濃によせる合唱ファンタジー「風と木の歌」より　作曲　湯山　昭
今日もリンゴは　風と木の歌
Ⅳ　歌のメッセージ　ヴァイオリン：飯島千鶴　マリンバ：山本美和子　打楽器：塚田喜幸
独唱　竹内さつき、中村美穂、小林千恵美、野口知香
クシコスの郵便馬車　歌の翼に　ふるさとの　荒城の月　大きなうた
空へのぼった風船　最後の歌　スペインの小夜曲　ファランドール

第24回定期演奏会

○指揮　山本美智子、小林千恵美、神澤　玲子／伴奏　服部秀子、山本智佳子
●1999. 11. 14　長野県県民文化会館中ホール
独唱　小林千恵美、中村美穂、小松明代、野口知香
Ⅰ　歌でこんにちは　みどりの星　見上げてごらん夜の星を
Ⅱ　ア・カペラのひびき　こんこんこんぺいとう　とんびとんび　大なみ小なみ　ことりはいつも
きつつきたち　羊飼い　夕べの歌　ダナダナ　ほたるこい
さんさい踊り　烏かねもん勘三郎
Ⅲ　名曲をたずねて　STABAT MATER（聖母はなげきて）より　作曲　G.B.Pergolesi
Ⅳ　歌のメッセージ　春が来た　春の小川　紅葉　朧月夜　おはながわらった
あめふりくまのこ　小さい秋みつけた　JE　TE　VEUX　歌劇カルメンより
兵隊さんと一緒に　鐘が鳴れば　ハバネラ～恋は野の鳥～
調べもあやしい楽の音が　もう恐れはせぬ　来たぞ、行列が

創立25周年記念演奏会（第25回）

○指揮　山本美智子、小林千恵美／伴奏　服部秀子、山本智佳子

●2000. 11. 3　長野県県民文化会館中ホール

Ⅰ　歌でこんにちは　この木なんの木　翼をください　ヴァイオリン：飯島千鶴

Ⅱ　名曲をたずねて　ソリスト：中村美穂、野口知香、小松明代

Wir eilen mit schwachen（カンタータ第78番 BWV78より）バッハ

Laudate Dominum（「おごそかな夕べの祈り」K.339より）モーツァルト

Laudate Pueri（「三つのモテット」Op.39より）　メンデルスゾーン

Ⅲ　名曲ファンタジー　少年合唱とピアノのためのエスキース「四国の子ども歌」　湯山　昭

Ⅳ　歌のメッセージ　一匁の一助さん　ねにゃもにゃ　さんさい踊り　烏かねもん勘三郎

くわいがめだした　でんでらりゅうば　わるいねずみは　ふんがふんが

わらいっこなし　あきのきりが　愛の喜び（ヴァイオリン：飯島千鶴）

オペレッタ「こうもり」第２幕より　フィナーレ　シャンパンの歌

トリッチトラッチポルカ　太陽のマーチ（ラデッキーマーチ）

第26回定期演奏会

○指揮　山本美智子、小林千恵美／伴奏　服部秀子、山本智佳子

●2001. 11. 4　長野県県民文化会館中ホール

Ⅰ　歌でこんにちは　こんにちは　あなたの側にいたい　赤い花白い花

スプリング・ハズ・カム

Ⅱ　團伊玖磨さんを偲んで

やぎさんゆうびん　おつかいありさん　ぞうさん　子守歌　花の街

さより　舟歌－片戀－（ソプラノ独唱　河原冨美子）

Ⅲ　世界平和のための祈り－ミサ長野－　作曲　J.W.ツィーグラー

Ⅰ　Cantate Domino（Introitus）　Ⅱ　Kyrie　Ⅲ　Gloria　Ⅳ　Credo

Ⅴ　Sanctus-Benedictus　Ⅵ　Agunus Dei

Ⅳ　歌劇「ヘンゼルとグレーテル」より抜粋　E.フンパーディンク

序曲　第１幕「小さな部屋」　第２幕「森の中」　第３幕「お菓子の家」

構成・演出　山本　昇

ヘンゼル　小林千恵美　グレーテル　中村美穂

ゲルトルート（母）　上村まり子　ペーター（父）　河原冨美子

砂の精　川口麻美　魔女　大上和香

第27回定期演奏会

○指揮　山本美智子、小林千恵美／伴奏　服部秀子、山本智佳子

●2002. 11. 10　長野県県民文化会館中ホール

Ⅰ　歌でこんにちは　これが音楽　スプリング・ハズ・カム　オクラホマ

Ⅱ　名曲をたずねて～４つのアヴェ・マリア～

Ave Maria　ヴィクトリア　バッハ＝グノー　コダーイ　シューベルト

Ⅲ　信濃によせる合唱ファンタジー「風と木の歌」　作曲　湯山　昭

今日もりんごは　花かぞえうた　風と木の歌　雪の絵本　移る季節

Ⅳ　ひびけ歌声　賛助出演　あかしや幼稚園、リトルシンガーズ　独唱　中村美穂

こんにちは　ひびけ歌声　大きな歌　ぼくのミックスジュース

きしゃポッポ　げんこつやまのたぬきさん　夕焼け小焼け

大きな栗の木の下で　美女と野獣　星に願いを　ハイホー

ビビディ・バビディ・ブー　強いぞガストン　ホール・ニュー・ワールド

小さな世界

Ⅰ　長野少年少女合唱団　定期演奏会一覧

第28回定期演奏会

○指揮　山本美智子、小林千恵美／伴奏　服部秀子、山本智佳子
●2003. 12. 21　若里市民文化ホール
Ⅰ　歌でこんにちは　Tomorrow　Sing　Spring has come
Ⅱ　合唱のたのしみ　栗の実　雪の窓辺で　てぃんさぐぬ花　天満の市は　雨の遊園地
宇宙のおくりもの
Ⅲ　名曲をたずねて　～G・フォーレの作品より～
月の光　IN　PARADISUM（楽園にて）　ラシーヌ雅歌
Ⅳ　ひびけ歌声　"お客様とご一緒に！"～リクエストにお答えして～　クリスマスの歌&冬の歌
独唱　小林千恵美　ご案内　飯島まゆ美・岩嶋　優　手話指導　麦島はる
Ⅴ　星降る夜のクリスマス　編曲・構成　山本　昇　ナレーション　池田千栄
エサイの根より　あら野のはてに　牧人ひつじを　もみの木　聖夜
Happy Christmas

第29回定期演奏会

○指揮　山本美智子、小林千恵美／伴奏　服部秀子、山本智佳子
●2004. 11. 14　若里市民文化ホール
Ⅰ　歌でこんにちは　さあ！一緒に歌おう！　歌はともだち　地球の仲間
Ⅱ　日本の合唱曲　～長野市立安茂里小学校合唱団～　指揮　臼井ゆき子
会津磐梯山　氷のカリンカ
～長野少年少女合唱団～
歌の広場　トランペット吹きながら　みかんの花はかおり
ちゃっちゃちゃ畑
Ⅲ　大作曲家の作品　ミサ曲「グローリア」より　独唱　田中麻恵　ヴィヴァルディ
Ⅳ　歌の玉手箱　"お客様とご一緒に！"～演奏順はお客様に決めていただきます～
音のシンフォニー（安茂里小学校合唱団）　ラッパのこびと　おほしさま
大きな古時計　ドライ・ボーンズ　デキシー・ワンダー・ランド
スプリング・ハズ・カム　赤とんぼ　紅葉
Ⅴ　「LENNON LEGEND」ジョン・レノンの軌跡　ナレーター　蘇芳さくら
ミッシェル　イマジン　ヘイ・ジュード　イエスタディ
ハッピー・クリスマス

創立30周年記念演奏会（第30回）

○指揮　山本美智子、小林千恵美／伴奏　服部秀子、山本智佳子、黒岩かずみ
●2005. 11. 27　長野県県民文化会館中ホール
Ⅰ　歌でこんにちは　手のひらを太陽に　地球の空の下　オリバーのマーチ
Ⅱ　合唱ファンタジー　かっぱ　ことこ　風と木の歌（委嘱作品「風と木の歌」より）　鮎の歌
Ⅲ　長野少年少女合唱団委嘱作品　ミサ長野－世界平和のための祈り－　J.W.ツィーグラー
Ⅰ　Cantate Domino（Introitus）　Ⅱ　Kyrie　Ⅲ　Gloria　Ⅳ　Credo
Ⅴ　Sanctus-Benedictus　Ⅵ　Agnus Dei
Ⅳ　きっと　私は　明日も歌っている　構成　山本　昇
ひびけ歌声　夕焼けの鐘（「山びこの歌」より）　ヘイ！タンブリン
おはながわらった　歌のつばさに（二重唱　中村景子・池田三千世）
とねりこの森　Sound the Trumpet
きっと私は明日も歌っている（二重唱　小林千恵美・小澤ゆう子）　作詩作曲　山本　昇
大きなうた　Ave Maria（両曲は卒団生）　野ばら　羊飼い
烏かねもん勘三郎　上を向いて歩こう（卒団生と共に）
翼をください（支えてくださった皆様と共に）

第31回定期演奏会

○指揮　山本美智子、小林千恵美／伴奏　服部秀子、山本智佳子、黒岩かずみ
●2006. 11. 19　若里市民文化ホール
Ⅰ　歌でこんにちは ボクたち何人　進め若人よ　グリーン・グリーン
Ⅱ　湯山昭の世界　おうちの人　さくらえびの海　うたの輪
Ⅲ　モーツァルトの世界 Ave verum corpus　Laudate Dominum　Agnus Dei　Alleluja
Ⅳ　小さな小さなミュージカル　「ふるさとのうた」～高野辰之　詩の世界～　独唱　飯島まゆ美
構成　山本　昇
Ⅴ　団伊玖磨の世界 さより～独唱　丸山真裕美～　子守唄～独唱　倉嶋優衣～
ひぐらし～独唱　倉島佐代子～　花の街
Ⅵ　ジャズ＆ロックを歌おう　Spring has come　デキシーワンダーランド　ソウル・トゥレイン
Ⅶ　みんなで一緒に歌いましょう
大きな栗の木の下で　うたのわ　世界にひとつだけの花

第32回定期演奏会

○指揮　山本美智子、小林千恵美／伴奏　服部秀子、北村智佳子
●2007. 11. 25　若里市民文化ホール
Ⅰ　歌でこんにちは オクラホマ　さんぽ　夢の世界を
Ⅱ　日本の合唱曲　ほたるこい　小鳥の旅　葡萄と風と赤とんぼ
Ⅲ　バッハの世界　Zion hort die Wachter singen（カンタータ第140番より）
Et misericordia（マニフィカート　ニ長調　BWV243より）
Et in unum, in umum Dominum（ミサ曲ロ短"クレド"　BWV232より）
Ⅳ　名曲の花束　構成・編曲　山本　昇（シランクスを除く）
ます　流れるあつい涙～歌劇「リナルド」より～　－独唱　倉島佐代子、倉島宏味－
シランクス（パンの笛）～フルート独奏　宮岡由美子～
アヴィニョンの橋の上で
三つのフランスの子供の歌　浜辺の歌　－soli　倉嶋優衣・丸山真裕美
リトル・シンガーズ共演　大きな歌　汽車　汽車ポッポ（草川信、本居長世）
チキチキ・バンバン　学生王子のセレナーデ

第33回定期演奏会

○指揮　山本美智子、小林千恵美／伴奏　服部秀子、小井土愛美
●2008. 11. 30　若里市民文化ホール
Ⅰ　歌でこんにちは 気球に乗ってどこまでも　地球の空の下　クリスタル・チルドレン
Ⅱ　中田喜直の世界 春が歩いてる　みーつけたみーつけた　夏が来る　みかんの花　美しい秋
Ⅲ　シューベルトの世界　独唱　福田　葵　倉島宏味　平澤晶子
「ミサ第２番　ト長調　D.167」より　Kyrie　Gloria　Benedictus
Ⅳ　名曲の花束　歌劇「ヘンゼルとグレーテル」より
前奏曲　二重唱「こうして踊ろうよ」　丸山真裕美、倉嶋優衣
リトル・シンガーズ登場！　～歌の好きな子　あつまれ！～
雨ふり熊の子　空へのぼった風船　赤い風船とんだ
ひょっこりひょうたん島
懐かしいロシアの歌　～お客様とご一緒に～
赤いサラファン　カチューシャ　ともしび　トロイカ
「サウンド・オブ・ミュージック」より
エーデルワイス　一人ぼっちの羊飼い　アレルヤ
サウンド・オブ・ミュージック　ドレミの歌

Ⅰ　長野少年少女合唱団　定期演奏会一覧

第34回定期演奏会

○指揮　山本美智子、小林千恵美、北村智佳子／伴奏　服部秀子、北村智佳子、宮沢陽子
●2009. 11. 29　若里市民文化ホール
Ⅰ　歌でこんにちは　気球に乗ってどこまでも　青い地球は誰のもの　地球の仲間
Ⅱ　ア・カペラの世界　～わらべうた～　ほたるこい　ねんねこせおんぼこせ　こきりこのたけは
　いちべえさんが　しゃしゃぶのいとこは　通りゃんせ　あんたがたどこさ
Ⅲ　モーツアルトの世界　独唱　小口由里、上村まり子
　「雀のミサ　ハ長調」Kv.220より　Kyrie　Gloria　Sanctus　Benedictus
Ⅳ　名曲の花束　構成　山本　昇
　～リトル・シンガーズ登場～　歌はともだち　歌えバンバン
　日本の名歌　さより　時計台の鐘　さくら横ちょう　中国地方の子守歌
　踊りの歌（クラベス高木俊）黒猫のタンゴ　コーヒールンバ　ワルツはすてき
　懐かしいロシアの歌　赤いサラファン　黒い瞳の　バルカンの星の下に

創立35周年記念　第35回定期演奏会

○指揮　山本美智子、北村智佳子／伴奏（器楽演奏）服部秀子、北村智佳子、宮沢陽子
●2010. 11. 21　若里市民文化ホール
Ⅰ　歌でこんにちは　～ディズニーの世界～　友情出演　リトル・シンガーズ、飯島まゆ美
　ハイ・ホー　くまのプーさん　ビビディ・バビディ・ブー　小さな世界
Ⅱ　日本の合唱曲　こどものための合唱組曲　日記のうた　作曲　南　安雄
Ⅲ　大作曲家の名曲より　友情出演　柳町中学校合唱部ほか
　「礼拝堂のための小ミサ曲　第7番　ハ長調」　C.F.グノー
　Kyrie　Gloria　Sanctus　O Salutaris　Agnus Dei
Ⅳ　オペラ「バスティアンとバスティエンヌ」より　抜粋　構成　山本　昇　モーツアルト
　ナレーション　池田佑果　衣装　中島朱美　大道具　戸谷寿男
Ⅴ　イギリスの名歌　～山本昇編曲による～　埴生の宿　故郷の空
Ⅵ　長野少年少女合唱団　創立35周年を記念して　友情出演　後援会、父母の会、卒団生
　行進曲「威風堂々」　作曲　E.エルガー
　編曲　山本　昇

第36回定期演奏会

○指揮　山本美智子、北村智佳子／伴奏　服部秀子、北村智佳子、宮沢陽子
●2011. 11. 27　若里市民文化ホール
　器楽演奏　服部秀子、小井土愛美
Ⅰ　歌でこんにちは～リトルシンガーズと一緒に～　「おかあさんといっしょ」ヒットソング
　コロンパッ　ボロボロロケット　魔法のピンク　ありがとうの花
Ⅱ　日本の合唱曲　金子みすゞの詩による童声（女声）合唱のためのエッセー「向日葵の歌」より
　Ⅰふしぎ　Ⅱ蜂と神さま　Ⅲ風　Ⅴつもった雪　Ⅶ大漁　Ⅷ向日葵
　Ⅸ木　Ⅹ砂の王国
Ⅲ　大作曲家の名曲　独唱　小口由里、上村まり子、福澤由美　友情出演　長野スコラーズ（～Ⅳステ）
　「ミサ・ブレヴィス」変ロ長調　K275より　Kyrie　Gloria　Sanctus　Benedictus
Ⅳ　名曲の花束　構成・編曲　山本　昇（天使の糧とIch liebe dichを除く）
　菩提樹　Panis Angelics（天使の糧）　セレナータ　おほしさま
　緑のそよ風
　リトミック遊び～お客様といっしょに～
　この道　Ich liebe dich（独唱　上村まり子）
　ソルヴェイグの歌（独唱　小口由里）　フィンランディア讃歌

第37回定期演奏会

○指揮　山本美智子、山本昇、北村智佳子／伴奏　服部秀子、北村智佳子、宮沢陽子
●2012. 11. 25　若里市民文化ホール
器楽演奏　服部秀子、小井土愛美
友情出演　Ⅰステ　リトルシンガーズ、Ⅱ・Ⅲ・Ⅳステ　長野スコラーズ

Ⅰ　歌でこんにちは　さんぽ　アンパンマンのマーチ　おしえて　おはよう太陽
Ⅱ　湯山昭の世界　ラッパのこびと　おはながわらった　シャボン玉とおひさま　えんそく
トランペット吹きながら　くも　鮎の歌
Ⅲ　大作曲家の名曲　Ave Maria　4曲
T.L.de.ヴィクトリア　J.アルカデルト　F.P.シューベルト　P.マスカーニ
Ⅳ　名曲の花束　構成　山本　昇　編曲　山本　昇（猫の二重唱を除く）
遠い空～ボーイソプラノ梨元壮太～　お母さんの顔　お月さんと坊や
世界が一つになるまで　リトミック遊び～お客様といっしょに～
サンタルチア～バリトン独唱　高木俊～　猫の二重唱～小口由里　上村まり子～
スペインの小夜曲　凱旋の大行進曲～オペラ「アイーダ」より～

第38回定期演奏会

○指揮　山本美智子、北村智佳子／伴奏　服部秀子、北村智佳子、宮沢陽子
●2013. 11. 24　若里市民文化ホール
器楽演奏　服部秀子、小井土愛美
友情出演　Ⅰステ　リトルシンガーズ、Ⅱ・Ⅲ・Ⅳステ　長野スコラーズ

Ⅰ　歌でこんにちは　オリバーのマーチ　埴生の宿　チキ・チキ・バンバン　地球の空のした
Ⅱ　日本の歌の世界　歌劇「夕鶴」と日本古来のわらべ歌より　ソリスト：小口由里　構成：北村智佳子
合唱組曲「風と木の歌」より　Ⅱ花かぞえうた　Ⅲ風と木の歌
Ⅲ　大作曲家の名曲　Ave verum corpus　4曲
G.フォーレ　C.サン＝サーンス　W.バード　W.A.モーツァルト
Ⅳ　名曲の花束　おうちにかえろう　道はともだち　へい！タンブリン　こもりうた
地球の仲間
リトミック遊び～お客様といっしょに～
とねりこの森　懐かしき愛の歌～ソロ　曲渕　泉～　イマジン
ヘイ・ジュード

第39回定期演奏会

○指揮　山本昇、北村智佳子／伴奏　服部秀子、北村智佳子、宮沢陽子、小井土愛美
●2014. 11. 30　若里市民文化ホール
器楽演奏　小井土愛美
友情出演　Ⅰステ　リトルシンガーズ、Ⅲ、Ⅴステ　コーロ・アニマート、
Ⅱ、Ⅲ、Ⅴステ　長野スコラーズ

Ⅰ　歌でこんにちは　チキ・チキ・バンバン　踊ろう楽しいポーレチケ“変奏曲”　手のひらを太陽に
これが音楽
Ⅱ　湯山昭の世界　山のワルツ　雨ふりくまのこ　バスごっこ　雨の遊園地
合唱組曲「風と木の歌」より　Ⅰ今日もりんごは　Ⅳ雪の絵本　Ⅴ移る季節
Ⅲ　大作曲家の名曲　Wir eilen mit schwachen　カンタータ「イエス、汝わが魂を」BWV78より
Gute Nacht, o, Wesen　モテトゥス「イエス　わが喜び」BWV227より
Seht! Er kőmmt mit Preis gekrőnt　オラトリオ「マカベアのユダ」より
Hallelujah　オラトリオ「メサイヤ」より
Ⅳ　ディズニーの世界　ホール・ニュー・ワールド　星に願いを　おおかみなんかこわくない
ラ・ラ・ルー　ミッキーマウス・マーチ　小さな世界
リトミック遊び～お客様といっしょに～
Ⅴ　歌劇「カルメン」より　前奏曲　町の子供たちの合唱　ジプシーの歌　行進曲と合唱

Ⅱ　長野少年少女合唱団・団員名簿

（39回分の定期演奏会プログラムより作成）

山田美奈子、麻場優美、井出光子、江塚友理子、小笠原晶子、長田陽子、笠井由紀、清水美也子、塩沢里英子、下平裕美、仁科三江、花沢幸子、丸山香織、内山由香、大槻幸深、柄沢里美、川勝ゆり、木南美晴、清水明美、滝沢純子、田中裕美子、中沢敦子、仁科里佳子、花岡真美、橋本三重子、原瑞穂、藤原美紀、丸山美樹、丸山和俊、山田英次、山本智佳子、荒木喜美子、伊東千絵子、岩崎美穂、内山恵、宇都宮貴子、太田朱美、太田美砂、鹿熊智子、熊井純子、林部節子、林部秀子、林由紀子、藤沢睦、前田佐知子、丸山智子、水上晶夫、両角聡、池田早苗、伊東範子、太田紀子、岡部美智江、荻原令子、小尾仁子、下平理恵、藤井絵里、本藤貴康、宮川里佐、村川雅子、森山いづみ、青木陽子、伊藤和子、内田佳世子、鬼頭浩子、斉藤淑子、佐藤貴代美、塩沢英美子、滝沢美佐子、滝沢孝子、竹下祥、竜野睦子、田中真由美、新津真紀、西村麻里、橋本尚子、北条陽子、孫田雄一、松田千奈美、松橋真喜子、丸山香、宮下玲子、宮下聡子、水崎裕子、山田栄利子、涌井啓子、荒井とよみ、市川智子、岩崎圭子、宇都宮和浩、荻原弘子、大日方真由美、金木幸史、風間敬、風間綾子、木村ゆかり、北沢由里、清野弘子、久我寿子、神津晶子、小林紀明、小林美和子、酒井啓史、佐藤日出佳、新保典子、竹村麻生、竹村麻里、土屋祥子、伝田早苗、永井耕、林部朝子、深沢みすず、宮島裕子、宮島道子、宮原みちか、山上純子、山口恵理、山田えり子、山本純、若月摂子、岡村晶子、熊井英乃、斉藤三和子、高見沢絹江、野村千早、萩原直美、原啓子、丸山真由美、岡本路子、鬼頭彰子、須田真理、田村公美子、山岸弘子、小尾典子、町田由美、池田裕子、佐藤三希子、坂口雅子、浅井啓之、五十嵐祐二、伊藤文枝、神山きい子、小林俊夫、飛田綾子、花岡靖子、藤沢文子、甘利映子、桜木由紀、田中聖子、羽田裕子、宮本明子、山口真一郎、井戸桂子、大図祐三子、小口由里、金子佳寿子、児玉淳子、笹井亮子、佐藤史朗、巣山史子、中村公美、中村徹、中村優美、松尾真奈美、脇園恭子、野見萌子、吉沢直美、安藤有紀子、落合晶子、藤沢由紀子、村松園代、酒井美樹、石崎智子、内山美知恵、富岡恵理、中村加代子、平瀬明子、寺島みどり、内山まり子、金田典子、北沢みどり、山岸弓子、栗田弘子、山口真紀、内田妙子、加藤澄恵、久保亜紀子、宮下百合、加藤瑞恵、坂本浩之、川原康子、花岡さおり、堀健彦、大丸美佐子、岡宮百合子、小林恒雄、小山美幸、増田純子、風間豊、加畑千晶、川原瑞恵、諏訪雅美、西沢ゆかり、宮崎寿子、塩沢容子、田村純子、宮下俊子、山際輝、山口直美、川合千賀子、倉石佐知子、伊藤かおり、松本美樹、小林千恵美、金子みゆき、金田典子、小林廣子、花岡英里、森泉美紀、笠井貴美絵、神田英子、小柳陽子、村松田津、芳川さとみ、小野智子、川合景子、坂井和子、関光博、高橋理恵、千野哲志、山口さおり、浦野みどり、青木智子、川島和恵、篠原弘枝、半藤粛、坪井志なの、平林裕美、堀内真也

子、松木美、岩崎しのぶ、高橋千夏、大高優子、岡沢朋子、横田理恵、大塚まゆみ、小山はる美、町田尚子、堀真弓、小口知子、小島彰、水野泉、塚田明子、金子雅之、田中秀和、青木規恵、小田切美樹、黒根菜緒子、佐藤さおり、高橋ひろ美、福岡美雪、宮田陽子、浅野早百合、水越美奈子、宮沢香織、松林尚子、原昌子、田中京子、小林里栄、峯村至津子、樫村直美、大塚友子、塚田深雪、矢沢美和、山崎まり子、塚田早苗、青木佐知子、上原さや香、太田浩美、中野妙子、佐伯成規、皆川昌、青木茂美、上田融、神林宏明、今村聡子、佐藤砂緒里、関口佐登子、伝田澄子、保科みどり、松尾由美、山田訓子、小林智恵子、吉田啓子、近藤久美子、近藤由美子、高橋朋子、北野めぐみ、酒井美穏子、中村美穂、小林裕美子、高橋育子、田幸由理子、原美穂子、樋口恵美、鈴木靖子、中村理恵子、岩崎啓子、金子麻子、樋口美和、湯本久子、飯島理香、加藤恭子、有賀淳、泉谷恭明、宮原真生、大塚玲子、中村裕紀子、金子浩之、宮尾音史、佐藤てる江、有馬聖恵、岩松都美、佐藤徳子、宮原理華、荒井貴子、神林久恵、竹内由紀枝、中村奈保子、徳竹美由紀、柳麻紀子、関靖裕、井出さや香、岩下美緒、太田優子、坂井晴美、藤巻けい子、青木美佐子、野池麗、野口知香、藤巻史子、田瓜恵美、平林真澄、加藤美由紀、吉原あづさ、和田真理子、正嵜春菜、原田圭子、北沢由香、村橋佳那、大内芳子、小林円、小林やよい、丸山志野草、小林修希、佐藤友美、山田宏子、神田優子、丸山直洋、和田香陽子、徳永佳子、村松由理、宮沢久美子、有賀知恵、祢津久美子、武居美紀、柳奈都子、宮沢さつき、内山志保、黒岩理恵子、折金円香、鈴木愛子、和田幸子、池上愛香、幸地樹里、藤原明子、宮下久史、和田拡子、村田理恵、今村臣奈、浦辺里香、柄沢ひとみ、竹花真由子、橋本智津子、湯本優紀、押鐘幸華、吉田麻紀子、越かほり、草野奈津子、飯島まゆ美、飯島有香子、幸地朋子、高橋優子、滝沢由紀子、永井滋子、遠藤正子、宮本恭子、本島直子、井上史麻、遠藤寿子、早川英里、宮沢奈穂、牧千恵、遠藤奈津子、最上久美子、伊東明日香、千野布美子、小林恭子、前田茂喜、村田栄美、岩崎友紀、森山寛子、岩崎真奈美、山岡桂子、横田晶子、山口知子、金沢聡子、竹前恵、松島聡子、湯本朱美、上野麻衣子、岡ゆき乃、折金宏紀、田中尚、吉村麻未、黒岩かお里、下田郁恵、下田亜希、田中舞、稲葉里奈、柄沢のぞみ、小林智子、小柳恵麻、鈴木友子、竹中奈緒美、小松明代、小林資昭、伊藤麻衣子、山中陽子、小井土愛美、東島冬子、中村景子、池上明里、田中麻恵、上野創、西沢優、石沢あい、仙仁志帆、伝田正智、青木千佳、大竹舞、塚田詩、市瀬仁美、佐藤宏美、嶋田由美、長坂美和、小平理恵、宮沢理絵、山崎優花、平沢晶子、大久保美希、竹中沙十美、松澤絵美、小林絢、黒岩祥子、石井奈央、大久保咲希、高野寿一、宮崎千琴、森下由香、大上和香、丸山麗、倉沢恵子、峯村綾香、丸山紀子、乾順恵、田中由美、東有紀、小池君枝、矢沢美紀、若麻績咲良、中村暁子、田中亜季、吉村美織、宮崎舞織、金子裕美、小林夏実、小幡奈苗、仲里那美子、北澤京、松澤佑果、田澤愛、上野基、倉島佐代子、新井悠介、河原優、小澤ゆう子、原明花里、池田三千世、田中沙織、井沢美緒、赤羽根めぐみ、滝沢安里、横田薫子、小林寛子、春日京子、宮原けい、宮原ちか、山口阿美、峯

村桂子、松野好美、池上咲良、柳澤雄佑、小林乃絵、土屋花乃子、宮原雄、南波春佳、竹内彩子、羽生一真、春日麻梨子、松尾真由、河田直、吉池里香、神澤真梨絵、西沢真紀、今井綾香、吉池佳奈子、河田有里子、西澤明子、若麻績葵衣、倉島宏味、西沢早紀、赤羽根いずみ、倉嶋優衣、中沢小雪、小林晴奈、千村佳織、中村聖祥、竹内美貴、徳永有季乃、徳永彩乃、大友美由奈、鈴木ひかる、若麻績香菜、羽田有希、若麻績志保、堀内優香、大竹美帆、永井香織、藤田彩弥香、鈴木かの子、石川晃野、神澤美沙絵、樋口恵、倉石紗絵子、神澤友貴絵、樋口愛、鈴木望未、風間かのこ、柄澤美咲希、丸山友理慧、山下望、相馬沙彩、岩嶋優、早川葉子、小湊真央、若林樹里、関祐梨佳、福田葵、熊井咲、小池夏妃、福田翠、松橋美帆、大平由衣、福澤ちひろ、飯沼侑香、飯沼実香、金田悠里、五明夏子、丸山莉歩、中島恵理奈、野口奈桜、山岸ゆかり、倉島美貴、中澤雪奈、野口雅史、中村七彩、丸山真裕美、橋本奈味、古谷好恵、岩淵芹歌、小池明日香、大槻夏鈴、石井朔、岡田理夏、高木俊、丸山瑞稀、石井響、若麻績佑月、田辺優莉、戸谷茉奈香、村松夏帆、若麻績如月、袖山友理、藤村友美、佐藤花音、吉崎啓、佐藤晴香、寺田由希音、丸山聖司、関彩夏、所美侑、廣間菜月、高木晴生、川内野隼人、宮沢優有、北村真子、ハーヴィみき杏、戸谷実優、梨元壮太、板橋澄果、矢澤祥太、北村祥恵、江口琴葉、グレイ杏里、小口そら、児玉珠希、神谷仁美、小出くらら、佐藤亜美、塚田百香、粕尾尚平、杉田朱音、小林愛佳、田中里奈、永井心晴、三俣恵茉、久保ひかり、日野深友、町田遥香　　以上、計639名

Ⅲ “ひびけ歌声”(長野少年少女合唱団歌)

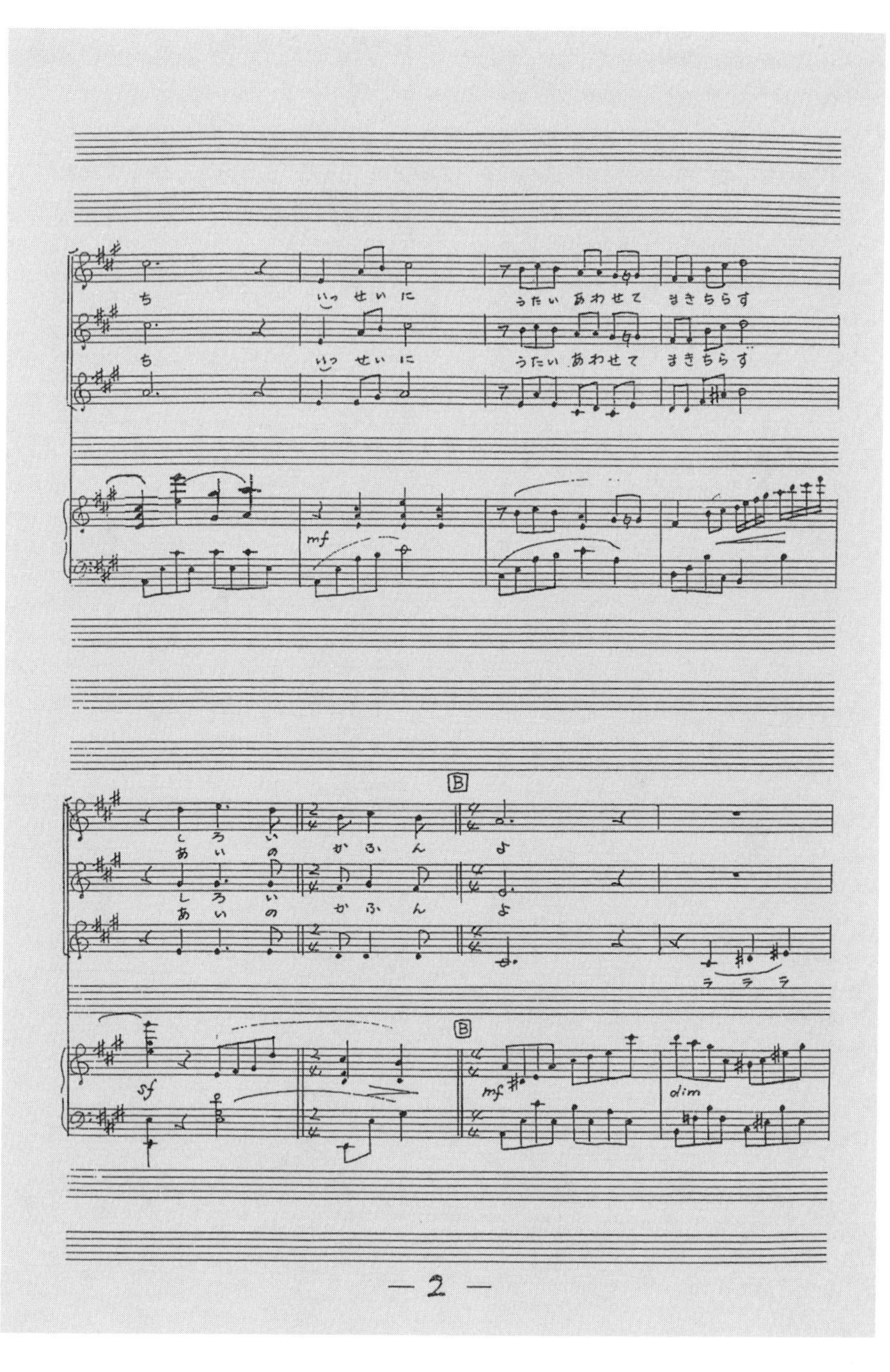
ち
いっ せい に
うたい あわせて まきちらす
ち
いっ せい に
うたい あわせて まきちらす
mf
B
し ろ い
あ い の
か ふ ん
よ
し ろ い
あ い の
か ふ ん
よ
ラ ラ ラ
B
sf
mf
dim
— 2 —

mp
そのこえは かみのみこえ あいのうた きよいみこえに
cresc.
そのこえは かみのみこえ あいのうた きよいみこえに
みこえに
p
さそわれて ちき_うの はてまで
さ-そ-われ て 野 を こ
ちき_うの はてまで
mf
f
— 3 —

ひびきゆく いのちのかぎり ひびきゆく ああ
ああ
ひびきゆく いのちのかぎり ひびきゆく
D
うたごえひびく ああ うたごえひびく ひびけ
うたごえひびく ああ うたごえひびく ひびけ
— 4 —

うたごえ
うたーごえ
E
D.S.
うたーごえ
うたーごえ
mf
poco rit
f
8va
sf
－5－

長野少年少女合唱団歌

『ひびけ歌声』

作詞　三井　壽男
作曲　山本　昇

一

青いバラ　黄の花たち
赤い花　白い花たち
いっせいに歌い合せて
まきちらす　白い花粉よ

その声は神のみ声　愛の歌
清いみ声に　誘われて

野を越え　山超え
地球の果てまで　ひびきゆく
いのちの限り　ひびきゆく

ああ　歌声ひびく
ああ　歌声ひびく
ひびけ　歌　声

二

虹のバラ　愛の花たち
赤い花　白い花たち
いっせいに歌い合せて
まきちらす　愛の花粉よ

その声は神のみ声　愛の歌
清いみ声に　誘われて

野を越え　山超え
地球の果てまで　ひびきゆく
いのちの限り　ひびきゆく

ああ　歌声ひびく
ああ　歌声ひびく
ひびけ　歌　声

Ⅳ　長野少年少女合唱団　39年間のあゆみ

（長野少年少女合唱団提供）

創立1976年（昭和51年）　　創立者　山本美智子

☆39回の定期演奏会（年１回開催）　　**☆リトミッククラス開催**（2012年３月～）

☆委嘱作品

○信濃によせる合唱ファンタジー『風と木の歌』（創立10周年記念委嘱作品）

詩：岸田衿子　曲：湯山昭

初演：1985年11月　長野県県民文化会館中ホール

出版：1986年５月　カワイ出版より

録音：1986年12月　ビクター音楽産業株式会社よりＣＤレコーディング　長野県県民文化会館中ホール

ＣＤ販売：1987年５月ビクター音楽産業株式会社より

○「ミサ長野」～世界平和のための祈り～（創立20周年記念委嘱作品）

曲：ヨーゼフ・ヴォルフガング・ツィーグラー

世界初演：1996年11月　長野県長野市；長野県県民文化会館中ホール

ヨーロッパ初演：2001年３月　オーストリア・ウィーン；コンツェルトハウス　シューベルトザール

作曲者の追悼ミサにて演奏：オーストリア・グンポルズキルヒェン（ウィーン郊外の街）；グンポルズキルヒェン教会

出版：1995年12月　有限会社ハルモニアより

☆交流演奏会・共演など

（日本の合唱団）

・こどもの国合唱団（東京都）

・晋平少年少女合唱団（中野市）

・高田少年少女合唱団（上越市）

・東京少年少女合唱隊（東京都）

・少年少女のための合唱団「空」（名古屋市）

・コール・アカデミー（長野市；群響による「マタイ受難曲」に出演）

・バロック・アンサンブル（長野市；「マタイ受難曲」に出演）

合唱団活動目的

「歌を通して豊かな子供達の心を育て、その豊かさを社会に還元する事」

（外国の合唱団；長野公演での友情出演・交流会開催）
・ウィーン国立歌劇場少年少女合唱団（オーストリア）
・ウィーンの森少年合唱団（オーストリア）
・ハンガリー少年少女合唱団（ハンガリー）
・カンテムス少年少女合唱団（ハンガリー）
・バンキエーリ・シンガーズ（ハンガリー）
・プロムジカ女声合唱団（ハンガリー）
・パリの木の十字架合唱団（フランス）
・ミズリー少年少女合唱団（アメリカ）
・テビュ・カンティリナ合唱団（スウェーデン）
（ウィーンにて共演）・ウィーン・アマデウス少年合唱団（オーストリア）
・グンポルズキルヒナー　シュパッツェン（オーストリア：ウィーン国立歌劇場少年少女合唱団）

☆海外公演
○1994年　日英親善コンサート（イギリス：プリマス）
・スクール　コンサート；エグバックランド・コミュニティ・カレッジにて
・教会コンサート；コーリントン小学校の子どもたちと共演
・交歓演奏会＆交流会；コーリントン　シンガーズ
・インフォーマル　コンサート；エクセター大聖堂にて
○2001年　オーストリア演奏旅行（オーストリア：ウィーン、グンポルズキルヒェン）
・ウィーンにて；楽友協会の黄金ホールとバッハザールでリハーサル
路上コンサート（国立歌劇場前、シュテファン寺院前にて）
コンツェルトハウスでコンサート開催（ウィーン・アマデウス少年合唱団と共演、交流会）
・バーデンにて；聖シュテファン寺院で「アヴェ･ヴェルム･コルプス」合唱（モーツァルトゆかりの教会）
・グンポルズキルヒェンにて；グンポルズキルヒナー　シュパッツェン（ウィーン国立歌劇場少年少女合唱団）と合同コンサート、団員の家庭にホームステイ
教会にて「ミサ長野」の作曲者Ｊ.Ｗ.ツィーグラー氏の追悼ミサで式典の進行に合わせて演奏
○2012年　湯山昭　合唱作品を歌う公演旅行　有志参加（オーストリア：ウィーン）
・楽友協会黄金ホールにて演奏

☆出演したオペラ作品

・二期会オペラ　「カルメン」 長野公演
・ルーマニア国立歌劇場来日公演　「カルメン」
・歌劇　「赤太郎ものがたり」(創作歌劇)
・プラハ国立歌劇場来日公演　「トスカ」
・長野冬季オリンピック文化芸術プログラムオペラ　「信濃の国　善光寺物語」
・長野冬季パラリンピック文化芸術プログラムオペラ　「信濃の国　善光寺物語」

☆共演した著名人

湯山　昭（作曲家)、岸田衿子（作詩家)、柳澤寿男（指揮者)、エリザベス・ツィーグラー（合唱指揮者)、石川ひとみ、川田正子、Konishiki、さだまさし、谷村新司、TSUKEMEN、トワ・エ・モア、錦織　健　…他、多数

☆ＣＤ録音／映画出演など

・信濃によせる合唱ファンタジー『風と木の歌』ＣＤ録音
・映画「さまちゃれ－泣かないでマンドリン」出演
・「ふるさと信州ゆかりの童謡」第１集・第２集、ＣＤ録音
・英語版「信濃の国」ＣＤ録音（企画；長野市青年会議所)
・ＮＨＫ長野放送局「おいでよ！プラザＮ」「まるごと信州600」生出演
・ＮＨＫ　ＢＳ「お～い、日本。今日はとことん長野県」参加
・ＳＢＣラジオ「おとなりラジオ　あらら」生出演
・ＮＢＳ長野放送「山びこ広場」出演
・ａｂｎ長野朝日放送「ＡＢＮステーション」生出演、地球環境キャンペーン・コマーシャル収録
・テレビ信州ふるさと応援プロジェクト「伝えよう里山ものがたり」公式テーマソング合唱曲「星唄」収録・撮影　…ＴＶ・ラジオへの出演、他多数

☆ボランティア活動

・こども広場「じゃん・けん・ぽん」交流ミニコンサート（2004年より、毎月第３土曜日開催)
・ながの　ツながル　プロジェクト参加（2011年８月)

☆合唱団員の交流

・夏のつどい（戸狩、戸隠、木島平、東京観光、ディズニーランド…など)

・夏の合宿（飯綱高原、小川村…など）
・クリスマス会／新年会／お楽しみ会（ゲームや歌、リトミック、おいしいケーキ…など）

☆専門の講師をお招きして
・リトミック　・わらべ歌、むかしの手遊び　・語り　・手話
・フランス語、ドイツ語、英語、ハンガリー語などの指導を受ける

☆長野県少年少女合唱連盟の事務局を創設から16年間務める

☆長野少年少女合唱団の演奏会には、長野市芸術文化振興事業助成金が多数回交付されています

☆出演したイベント／コンサート
・東京ディズニーランド（２回）
・つくば万博
・長野オリンピック冬季競技大会
・長野パラリンピック冬季競技大会
・Jics－日本少年少女合唱連盟合同演奏会
・長野県少年少女合唱祭（16回）
・長野オリンピック２周年及び４周年イベント
・スペシャルオリンピック冬季世界大会
・花キューピット「ジョイフルコンサート」
・「善光寺御開帳」イベント
・信濃の国大合唱フェスティバル in 塩尻
・ながの門前まち音楽祭
・谷村新司「Nature Live in 善光寺」
・「東日本大震災　祈りのつどい」（善光寺内陣）
・「東日本大震災三回忌奉納演奏」（善光寺内陣）
・長野県県民文化会館（ホクト文化ホール）開館30周年記念　東日本大震災・長野県北部地震追悼復興支援コンサート
・TSUKEMEN LIVE　2012／2013
・「唱歌と童謡のまち」をめざすコンサート
・“響きつないで”「音の祭典」

・長野赤十字病院院内コンサート
・八十二文化財団主催「ロビー・コンサート」
・小林一茶生誕250周年記念事業「一茶のお誕生日会」
・八幸会尺八演奏会
・日本人間ドック学会歓迎コンサート
・「国際みちシンポジウム」
・“唱歌と童謡を愛する会”発会記念事業コンサート
・ウィーン音楽家との語らいの夕べ
・シニアアクティブフェスティバル
・フェスタもんぷら
・ＮＢＳ夏の感謝祭
・信濃観月苑（麻績村）ひな祭りコンサート
・北信越シルバー人材センター連絡協議会　総会　レセプション
・長野県子ども会育成会連絡協議会　オープニングセレモニー　…その他多数

Ⅴ　山本美智子の生涯

（山本昇　記）

昭和14年（1939）	２月10日長野市南県町に、父山本寅男、母きよの長女として生まれる 山本家は祖父の久蔵が鮮魚の卸問屋を興し、名前の山と久をとって屋号を「山久山本商店」とした
昭和20年（1945）	中央幼稚園　卒業、後町小学校に入学（途中、山王小学校に転じたが）
昭和26年（1951）	後町小学校を卒業、西部中学校に入学　テニス部に入る
昭和29年（1954）	長野西高等学校に進学（当時は女子高生のみ）２年生の時「合唱部」に入る ここで個人として声楽とピアノを桜井誉人先生に師事、本格的に音楽の勉強をはじめる
昭和31年（1956）	三年生の時、西高創立60周年記念として創作歌劇「源氏物語」を企画上演することになり脚本は吉沢君江先生　作曲は桜井誉人先生 美智子は主役の一人として「桐壷」を歌って認められる この時の感動と自信が美智子を音楽の道へと進ませることになる。 「自分の行きたい道に行け」との父の理解もあって新潟県高田市（現、上越市）にあった「新潟大学芸能学科音楽科」（特設音楽科）に進学を決めた
昭和32年（1957）	新潟大学教育学部芸能学科音楽科に入学、声楽を宝井真一氏に師事して熱心に学ぶ 伴奏者を仲良しの松坂ノリ子さん（現、伊東）にお願いし、めきめき頭角を現すようになった 三年生の時、恒例のヘンデル作曲「メサイア」全曲演奏で、ソプラノのソリストに抜擢された この頃から美智子の伴奏者は小林昇（現、山本昇）に代わっていた 昇自身から伴奏者を買って出ていたからである
昭和36年（1961）	大学を卒業、長野に帰り長野市立高等学校へ音楽講師として赴任、三年間指導にあたる また同じ頃、長野赤十字病院看護専門学校の音楽講師としても赴任し、亡くなるまで50年の長い間　指導を続け二回にわたって感謝状を贈られる

昭和37年（1962）	２月４日　小林昇と結婚する　昇はすでに「山本昇」に改名していた　結婚式は長野市民会館集会室（当時）でおこなわれ「音楽結婚式」として挙式、珍しい事として信濃毎日新聞が記事にするため取材に訪れ、翌日の新聞に掲載された
昭和39年（1964）	長男、山本純誕生（プロのヴァイオリニストになりながら35歳の若さで他界してしまう） 美智子の悲しみと落胆は、見ていられない程で、臨終の床についていた時も仏壇の写真を見て語りかけ、涙を流していた
昭和44年（1969）	長女、山本智佳子誕生（現、北村）美智子が残した沢山の音楽の仕事を立派に受け継いでいる
昭和49年（1974）	第１回リサイタル開催（ドイツ歌曲の夕べ）　シューマン作曲「女の愛と生涯」全曲演奏
昭和51年（1976）	第２回リサイタル開催（ドイツ歌曲とアリアの夕べ）モーツァルト「踊れ喜べ汝幸いなる魂よ」 この年「長野少年少女合唱団」を結成、平成26年（2014）まで39年間、常任指揮者を務めた
昭和57年（1982）	第３回リサイタル開催　バッハ作曲「結婚カンタータ」202番全曲演奏、プロのオケと共演
昭和60年（1985）	委嘱合唱組曲　湯山昭作曲「風と木の歌」初演を指揮　後、ＣＤ製作
昭和62年（1987）	恩師、三宅春恵氏と「ジョイント・リサイタル」開催、長野県県民文化会館中ホール ヘンデル作曲「九つのドイツ・アリア」を演奏　プロの演奏家と共演
平成６年（1994）	長野少年少女合唱団イギリス演奏旅行引率　プリマス市にて公演　地元紙で賞賛される 「大作曲家の跡を訪ねて」昇・智佳子と共にオーストリア・ドイツへ23日間の旅行
平成７年（1995）	草川信作曲「森山汀川歌集　峠路」を独唱、これが日本初演となった（ピアノ　山本　昇）
平成８年（1996）	ハンガリーの音楽教育視察旅行　帰途グンポルズキルヒェンに立ち寄り「ミサ曲」を委嘱
平成13年（2001）	長野少年少女合唱団ウィーン演奏旅行引率　グンポルズキルヒェンの教会でＷ・ツィグラー作曲委嘱作品「ミサ・長野」を作曲者の追

	悼公演として教会で指揮 ウィーン・コンツェルトハウスにてウィーン・アマデウス少年合唱団と交歓演奏会開催
平成23年（2011）	結婚以来50周年を迎え、京都に旅行して二人だけで「金婚式」を祝った　美智子72歳
平成24年（2012）	心配していた「膵臓」に異常が認められ、手術することになる　経過はよかったが、肺に転移
平成25年（2013）	抗癌剤の効果がなく、病と闘いながら、第38回定期演奏会を指揮　健在を示す
平成26年（2014）	４月再入院　肺にたまった胸水を抜いて、自宅にて酸素吸入療法をはじめる ７月27日（昇の誕生日）に「コーロ・アニマート」の演奏会があり、２ステージの指揮をとる ヘンデル作曲の「メサイア」と木下牧子の「月の角笛」、酸素ボンベを携えて指揮、魂をこめた祈るような熱演は「ブラヴォ」と絶賛の拍手を浴びたが　これが最後の演奏となってしまった 次第に食事が喉を通らなくなり、９月１日午後２時　永遠の旅に・・・・・享年75歳 最後まで病と闘った勇気ある姿は、神々しくさえ見えた　９月３日通夜　４日　告別式

著　者

鈴木　央（すずき　ひさし）

長野市在住。専門学校教員。長野県長野高等学校では文芸班に所属。大学での専攻は経済学および社会学だが、池田健夫氏から政治学も学ぶ。

長野少年少女合唱団の定期演奏会には、長野スコラーズおよびスタッフの一員として毎年参加。

昇と美智子 —音楽への情熱。長野少年少女合唱団の発展—

2015年８月30日　第１刷発行

著　者　鈴木　央

発行者　木戸ひろし

発行所　ほおずき書籍株式会社

〒381-0012　長野県長野市柳原2133-5　☎026-244-0235　www.hoozuki.co.jp

発売元　株式会社星雲社

〒112-0012　東京都文京区大塚3-21-10　☎03-3947-1021

ISBN978-4-434-20903-1

乱丁・落丁本は発行所までご送付ください。送料小社負担でお取り替えします。

定価はカバーに表示してあります。